FLIC

UN JOURNALISTE A INFILTRÉ LA POLICE

5, RUE DE TOMBOUCTOU
75018 PARIS
WWW.EDITIONSGOUTTEDOR.COM

CONCEPTION GRAPHIQUE : CLÉMENT BUÉE
ISBN : 979-10-96906-20-8

FLIC

UN JOURNALISTE A INFILTRÉ LA POLICE

VALENTIN GENDROT

ÉDITIONS GOUTTE D'OR

NOTE DES ÉDITEURS

Jamais un journaliste n'avait tenté – et réussi – l'aventure : infiltrer la police. Des reporters sont devenus ouvriers sur des chantiers non déclarés (Günter Wallraff en Allemagne), gardiens de prison (Ted Conover aux États-Unis, Arthur Frayer en France), d'autres ont joué les fous pour pénétrer dans des asiles (Nellie Bly aux États-Unis, Albert Londres en France). Avec *Flic*, un journaliste nous emmène en voyage clandestin dans un commissariat français.

Lorsque l'idée lui vient, Valentin Gendrot a 29 ans et compte déjà six infiltrations à son actif. Il sort d'une période de trois ans où il s'est immergé dans plusieurs jobs : ouvrier sur une chaîne automobile, vendeur au porte-à-porte, employé dans un call-center. Le journaliste en tire un premier livre publié sous le pseudonyme de Thomas Morel, intitulé *Les Enchaînés, un an avec des travailleurs précaires et sous-payés* (Les Arènes, 2017).

Pourquoi a-t-il choisi, cette fois, d'infiltrer la police ? L'envie, d'abord, de relever un défi personnel : être le premier à tenter le coup. La volonté, ensuite, d'apporter une réponse à des questions cruciales.

Que se passe-t-il derrière les murs d'un commissariat ? Comment les violences policières sont-elles devenues un leitmotiv ? La police française nourrit-elle des préjugés et des comportements racistes ? Pourquoi est-il si difficile de sanctionner un policier ? Mais aussi, que se passe-t-il dans la tête de ces hommes et femmes assermenté(e)s ? Pourquoi ces agents de l'État crient-ils au ras-le-bol ? Pourquoi le taux de suicide des policiers est-il si élevé que l'on parle maintenant, dans cette profession, de « sur-suicide » ?

Invisible sur Internet, Valentin Gendrot a pu s'inscrire sous son vrai nom au concours d'adjoint de sécurité (ADS) ou policier contractuel, le poste en bas de l'échelle. Sa formation à l'école de police de Saint-Malo dure seulement trois mois, contre douze en moyenne pour devenir gardien de la paix. Selon les mots prononcés par un instructeur, cette formation allégée lancerait sur la voie publique « une police low cost ». En témoigne la formation pour l'accueil des personnes victimes de violences conjugales, expédiée en trois heures.

À sa sortie d'école, Valentin ne décroche pas l'affectation souhaitée. Il patiente alors plus d'un an pour obtenir enfin son premier choix, le commissariat du 19e arrondissement de Paris, lui qui rêvait de devenir flic dans un quartier populaire, là où la relation des policiers avec les habitants est réputée difficile.

Dès son premier jour, le journaliste infiltré a la sensation d'intégrer « une bande » naviguant sur un bateau ivre. Il est stupéfait. Des collègues policiers tutoient, insultent et distribuent des coups à ceux qu'ils désignent comme « les bâtards » : en grande majorité des jeunes hommes noirs, d'origine arabe ou migrants. Le « code de déontologie du policier et du gendarme » enseigné à l'école de police semble avoir été créé pour un autre monde, un monde de paperasserie déconnecté de la réalité.

Flic montre le quotidien du policier pris en étau. D'un côté, le manque de considération de sa hiérarchie. De l'autre, l'hostilité d'une partie de la population. Valentin et ses collègues travaillent dans un commissariat vétuste et conduisent des véhicules cabossés. Et à la fin du mois, le salaire tombe: 1 340 euros net. Un rapport du Sénat publié en 2018 signale qu'en début de carrière, des policiers affectés en Île-de-France dorment parfois « à plus de 5 dans 20 m^2 [...] voire dans leurs voitures ».

Le temps de l'immersion de Valentin, un collègue parti en vacances charge son pistolet de service et se tire une balle dans la tête. Un suicide parmi les 59 totalisés dans la police française en 2019, 60 % de plus que l'année précédente.

Valentin Gendrot ne cache rien. Il relate une bavure, mais aussi comment il participe à la rédaction du PV mensonger destiné à couvrir son collègue. L'immersion, ici, prend tout son sens. Elle nous fait découvrir les secrets que seuls les policiers partagent, le journaliste nous ouvre l'antichambre où personne n'est jamais entré.

Pour éviter d'éventuelles représailles ou atteintes à la vie privée de ses anciens collègues, l'auteur anonymise chaque policier cité dans son ouvrage. Les caractéristiques physiques, les noms et les surnoms ont été modifiés.

Ce livre rencontre son époque. Il nous parvient durant le quinquennat du président Emmanuel Macron, marqué par une explosion des violences policières contre le mouvement des gilets jaunes. Par ailleurs, en 2020, 20 000 personnes se sont mobilisées devant le tribunal de Paris contre les violences policières aux cris de « la vie des Noirs compte ». Au même moment, des enquêtes publiées par *Mediapart*[1], Arte radio[2] et *StreetPress*[3] ont révélé de nombreux propos discriminatoires et racistes émanant de membres de forces de l'ordre.

Devant l'émotion suscitée par ces dérives, Emmanuel Macron a demandé au ministre de l'Intérieur Christophe Castaner de livrer des propositions pour « améliorer la déontologie des forces de l'ordre ». Le lendemain, le ministre en question déclare : « Ces dernières semaines, trop ont failli dans leur devoir républicain. Des

---

1. Camille Polloni, « "Bougnoules", "nègres", "fils de pute de juifs" : quand des policiers racistes se lâchent », *Mediapart*, 4 juin 2020.
2. Ilham Maad, « Gardiens de la paix », Arte radio, 4 juin 2020.
3. Ronan Maël, « Des milliers de policiers s'échangent des messages racistes sur un groupe Facebook », *StreetPress*, 4 juin 2020.

propos racistes ont été proférés, des discriminations révélées. C'est inacceptable. » Le « premier flic de France » reconnaît pour la première fois un problème dans ses rangs. Un problème de racisme.

Infiltrer la police ? Beaucoup pourront juger le projet hostile. Il suffit de lire *Flic* pour comprendre que ce n'est pas le cas. Valentin Gendrot rapporte ce qu'il voit, entend et ressent, il ramène à une échelle humaine les policiers et les victimes de leurs abus.

Au fil des jours, son parler et ses comportements changent. Valentin s'interroge : est-ce le début d'un esprit de corps ? L'indice que l'empathie s'émousse ? Il se surprend à ressentir, en lui, la police qui s'infiltre.

Geoffrey Le Guilcher,
Clara Tellier Savary
et Johann Zarca

À mon cher Papa.

À La Merguez.
À Marcelo.

CHAPITRE 1

« T'as fait quoi, là ? »

Toto[1] attrape le type et le plaque contre l'abribus. Il va l'éclater, c'est sûr. Autour de nous, des badauds s'attardent, certains sortent leur téléphone et filment la scène.

– Va là-bas ! me gueule François. On fait un périmètre de sécurité !

C'est l'une de mes premières journées avec le groupe et ils en tiennent enfin un. Ils les appellent « les bâtards ». Et quand ils sortent, ils partent à la chasse aux bâtards. Celui-là, Toto n'a pas trop galéré à le choper. Il s'agit d'un mec chétif, un gringalet sans doute mineur. Un *petit bâtard*, quoi.

---

1. Tous les noms et surnoms ont été modifés.

Je surveille les alentours. Personne ne doit les déranger. J'ai la mâchoire contractée. Je garde les mains posées sur les hanches, la gauche à quelques centimètres de mon flingue. Face à moi, les potes du gringalet me fixent d'un air hostile. Je transpire et frissonne. L'adrénaline monte. Mon cœur tambourine.

– Faites le tour, ne passez pas par là, dis-je fermement à des passants qui affluent dans ma direction.

Je me retourne, le type est toujours collé à l'abribus. La scène me semble interminable.

– On bouge, lance François, dans mon dos.

Nous remontons tous les six dans le fourgon blanc, accompagnés du gamin. Toto appuie sur la pédale d'accélérateur. À l'arrière, nous valdinguons hors de nos sièges en skaï. Il faut s'accrocher. Le jeune homme terrifié est assis entre nous. Pas question pour les autres de le toucher, cette histoire doit visiblement se régler entre Toto et lui.

Nous roulons à fond dans les artères parisiennes jusqu'à sortir de notre secteur, je ne reconnais plus le coin. Nous arrivons à Pantin. Qu'est-ce que nous foutons ici ? Nous sommes censés rester dans le 19e arrondissement…

Toto se gare en pleine rue. Il descend, ouvre la porte du fourgon et monte avec nous à l'arrière. Il empoigne le type, lui tire les cheveux.

– T'as fait quoi tout à l'heure ? Hein ?

Un de mes collègues me demande de sortir pour faire le guet. Je descends, claque la porte coulissante et patiente à l'extérieur. Le véhicule remue, j'entends des cris. J'attends quelques instants en gardant un œil sur les allées et venues des passants. La porte s'ouvre à nouveau, la voix du flic tonne :

– C'est bon, t'as compris maintenant ? Allez, dégage !

Le type descend, le corps plié en deux. Il se tient la tête entre les mains, semble désorienté, puis marmonne :

– C'est ça… ? Police française… ?

Nous l'abandonnons là, seul, à quelques kilomètres du lieu où nous l'avons attrapé. Ça fait partie de la punition.

Je porte l'uniforme de flic contractuel depuis deux semaines à peine, et me voilà déjà complice du tabassage d'un jeune migrant. Jusqu'où va me mener cette histoire ? Je retourne m'asseoir à l'arrière du fourgon.

– Il m'a touché l'arcade avec son portable ! nous explique Toto. Il m'a touché quand je suis descendu porte de la Villette, quand vous avez contrôlé les deux migrants. Bon… je pense qu'il n'a pas fait exprès.

– T'en fais pas, des mecs comme lui, ça mérite que la mort, lâche Bison.

Les policiers ont l'obligation de rendre compte de chaque intervention ou « mission ». Dans le logiciel dit de la main courante informatisée (MCI), ils retranscrivent leurs moindres faits et gestes de la journée. Nous appelons ça des « GE » pour « gestion des événements ». La mission du jour ne sera jamais consignée. D'abord parce qu'il s'agit d'une mission « inopinée », une initiative de mes collègues. Ensuite parce que, solidarité entre flics oblige, ce qui se passe dans le fourgon reste dans le fourgon.

Enfin, pas tout à fait. Pas cette fois.

CHAPITRE 2

Lundi 4 septembre 2017, 6 h 58.

« Qui t'envoie, sale journaliste de merde ? » Au volant de ma Clio blanche crasseuse à l'habitacle jonché d'emballages vides, j'imagine mon lynchage en cas d'*outing* professionnel. Je ne suis pas en avance alors j'accélère, dircction l'École nationale de police de Saint-Malo, à une centaine de kilomètres de chez mes parents. La rentrée des classes.

Je me dis que s'ils me chopent, je risque de prendre cher. Avec leurs gros bras, les policiers m'éclateront à coups de poing. Les plus énervés pourraient même me briser les mains pour m'empêcher d'écrire ou, pire, me coller un pruneau entre les deux yeux, prétextant un accident de tir. Quand on a peur, on imagine toujours le pire, jusqu'à en perdre toute rationalité.

J'allume une clope. J'essaye de me rappeler comment m'est venue cette idée d'entrer dans la police. Je bute. Il y a bien eu cette manif du 1er Mai, en 2016, à Paris. J'ai encore dans la bouche le goût immonde du gaz lacrymo balancé par les CRS. Ce sentiment d'étouffer, ces minutes suffocantes avant de retrouver une respiration normale.

En fait, des souvenirs de manif, j'en ai un paquet. Dans les cortèges, j'observais les policiers semblables à des Robocop désœuvrés, impassibles et droits, capables de bloquer une rue pendant une demi-journée. Je ne les enviais pas. Adolescent, j'avais ce sentiment un peu cliché qu'ils défendaient l'ordre établi alors que nous, dans le camp d'en face, étions là pour l'intérêt général. Puis j'ai grandi. Mon hostilité s'est changée en curiosité.

Lancer une recherche Google « police » sur les cinq dernières années, c'est voir défiler des thématiques explosives et clivantes : une popularité au sommet après les attentats de *Charlie Hebdo*, puis une plongée sévère face à l'accumulation de violences envers les gilets jaunes. Il y a aussi ces images de policiers manifestant pour dénoncer leurs conditions de travail. Et puis ce taux de suicide alarmant au sein de la profession, bien plus élevé que la moyenne française. Victimes ou bourreaux ? Héros ou boucs émissaires ? Le mystère de leurs conditions de travail commençait à m'intéresser. Alors un mercredi matin du mois de mars 2017, je me lance. Je me rends sur le site *lapolicenationalerecrute.fr* et m'inscris au concours d'entrée dans la zone ouest.

J'ai toujours entendu mon père parler des « poulets », des « poulagas » ou des « magasins bleus », en référence à une marque de vêtements en vente itinérante qui passait chez ses parents lorsqu'il était gamin. Depuis son service militaire, il a gardé en horreur tout ce que ce monde compte d'ordre, d'autorité, de claquements de talons sur le bitume.

Quand je lui ai parlé de mon projet, mon père n'a pas compris. Comment pouvais-je enfiler la casquette de flic ? Difficile, déjà, de lui expliquer mon attrait pour le risque que génère l'infiltration, ce besoin étrange de se mettre dans la peau des autres pour raconter leur vie. Là, c'était pire. Imaginer son fils devenir flic ! Je le confrontais à l'impensable.

– T'es dingue ! m'a-t-il lancé. Les militaires et les flics, c'est juste un repaire d'alcooliques et de racistes !

Je l'ai laissé s'énerver tout en posant mes yeux sur son crâne. Malgré les cures de chimio et ce foutu cancer qui le grignotait depuis cinq ans, il retrouvait dans ces moments d'agacement une certaine vigueur. Il était pourtant tout frêle, assis, là, face à moi, à la table en merisier de la cuisine.

– Ils vivent quoi les flics, à ton avis ? C'est quoi ces conditions de travail insoutenables dont ils se plaignent ? Je veux aller voir.

Je ne cherchais pas à le convaincre, juste à le provoquer.

Je jette mon mégot par la fenêtre de la voiture. Je m'observe dans le rétroviseur intérieur. Est-ce que je fais illusion ?

Je n'ai quasiment rien modifié à mon allure physique avant cette infiltration. Je ne me suis imposé qu'une chose, par superstition : changer de lunettes. J'ai délaissé mes binocles arrondis pour une paire rectangulaire, noire. Elle me donne une allure plus stricte, moins intello. Surtout, elles me font l'effet d'un masque. Je me suis aussi coupé les cheveux très court, un centimètre à peine. J'ai l'air bête, mon front est trop haut pour ces cheveux ras. Je regrette mes frisettes châtain clair.

Je décide aussi de ne pas faire soigner une prémolaire cassée. Je me pointerai chez les flics avec ce trou visible dans ma mâchoire, trace de mes excès de sucreries. Ceux qui trouveront mon parler suspect pourront se rassurer en se disant que je n'ai visiblement pas les moyens d'aller chez le dentiste. J'essaie de tout prévoir, quitte à en faire trop. Ce sont des détails mais ils me rassurent, ils m'aident à croire au personnage que je construis.

J'aurais bien divagué encore un peu derrière mon volant, sauf que je viens d'arriver à Saint-Malo. Je connais bien la ville. J'y ai bossé comme brocanteur avant de devenir journaliste. C'est l'endroit touristique par excellence, connu pour ses remparts, sa vieille ville, ses maisons à colombages et son passé de cité corsaire.

Je me gare sur un parking gratuit situé à côté de l'école. Dans une valise à roulettes, je traîne quelques tee-shirts et des jeans passe-partout. Sur le dos, une veste en cuir, une sape de dur à cuire. En tout cas c'est l'impression que j'espère donner. Mes carnets, je les ai laissés sur mon bureau. Les premiers jours, j'écrirai sur l'application Notes de mon téléphone. Je commence à stresser, j'allume une énième clope.

Le bâtiment, massif, en pierre de taille, se dresse derrière un mur d'enceinte et d'imposantes grilles. De l'autre côté, les voitures restent interdites à l'exception des véhicules administratifs. Par ce temps hostile, mélange bien breton de brume et de bruine, un autre élève policier entre à pied, cheveux humides, un gros sac à la main, par un petit accès placé au plus près du poste du contrôle. Bientôt 8 heures.

– Vous êtes presque en retard, grogne un policier à l'accueil. Ça ira pour cette fois. Votre nom ?

– Gendrot.

– Gendroooot… Il parcourt un registre avec son index. Ah voilà, ADS, 115e promotion, section 1.

CHAPITRE 3

J'ai l'impression d'entrer dans une caserne. Derrière le mur d'enceinte, une place d'armes avec un drapeau français et, plus loin, un héliport délimité par un H peint en blanc sur le sol. Je récupère mon équipement – polos, Rangers, ceinturon… – auprès d'un type de l'USI (Unité de sécurité intérieure), puis pénètre dans un bâtiment haut de quatre étages où est censée se trouver ma chambre.

Deuxième étage, chambre 205. Les noms des sept occupants sont indiqués sur la porte. Cet étage est réservé aux hommes de la section. Les femmes, elles, occupent l'étage du dessous.

Je suis le dernier à arriver dans la piaule; j'hérite du lit le plus mal placé, celui collé à la porte d'entrée. La pièce compte quatre lits à gauche, trois à droite, séparés par un mur de penderies.

Nous disposons aussi de petits bureaux en métal ou en bois. Notre dortoir pourrait tout à fait être celui d'une colonie de vacances. Seul luxe dans notre installation rustique, une belle vue. Depuis les toilettes, nous apercevons les mouettes et la Manche.

Une grande asperge au long nez – Alexis – est déjà affalée sur le lit voisin du mien, les yeux rivés sur son téléphone. Il vient d'enlever ses pompes et ça se sent. Un autre, Clément, un blond aux dents très blanches, se balade en boxer fleuri. Voilà pour l'ambiance de vestiaires. Il y a aussi Mickaël, un petit cube de muscles. Le plus jeune a 21 ans, le plus vieux 29 ans – c'est moi. « Papy ! » me baptise illico l'un de mes nouveaux colocs. Je souris.

CHAPITRE 4

Un homme au visage émacié et au nez pointu entre dans la salle. Nous nous mettons tous au garde-à-vous.

– Asseyez-vous, lâche le type d'une voix calme.

Il se présente : chef Goupil, brigadier-chef. Notre formateur théorique pour les douze semaines à venir – deux autres personnes seront chargées des cours de sport et de tir. Chef Goupil nous annonce le programme de cette première journée. Cours d'introduction avec lui, puis le directeur de l'école nous fera un discours. Il embraye :

– Alors, quelqu'un peut-il me dire quelles sont les quatre situations professionnelles que nous aborderons dans votre scolarité ? Personne ?

Au premier rang, une jeune femme ronde lève la main.

– Accueillir le public?
– Oui, c'est ce que nous allons voir en premier. Continue…
– Effectuer une patrouille, participer aux missions de sécurité routière, et la dernière, c'est interpeller un individu.
– Merci.

Les élèves gardiens de la paix abordent dix-sept situations professionnelles en une année de scolarité. Pour nous autres ADS – adjoints de sécurité, aussi appelés flics contractuels –, ce nombre se réduit à quatre. À cela s'ajoutent des séances de sport (boxe, combat au sol, course à pied, séances de tirs), des cours de droit – code de déontologie en tête –, le tout parsemé d'évaluations écrites. Nous recevons aussi une centaine de polycopiés.

Dans moins de trois mois, nous sortirons de l'école avec une habilitation à porter une arme automatique sur la voie publique. Trois mois, c'est court d'après notre formateur. Selon lui, cette formation express prépare à terme « une police low cost ».

Créé en 1997, le statut d'ADS permet à des personnes sans diplôme de découvrir la fonction de policier. Seul prérequis pour devenir ADS : avoir moins de 30 ans.

À l'origine, ces flics contractuels assuraient l'accueil et les tâches administratives ingrates de la police. Aujourd'hui, ils peuvent aussi se retrouver sur le terrain, comme n'importe quel gardien de la paix. Une fois dans la rue, un ADS peut menotter, procéder à une palpation et participer à une interpellation. Mais il ne pourra pas écrire le procès verbal. Ce statut de « flic low cost », formé-en-trois-mois-et-envoyé-sur-le-terrain, n'apparaît nulle part dans les organigrammes officiels de la police nationale. L'uniforme de l'ADS ne permet pas de le distinguer du reste des policiers, mis à part le galon bleu cobalt, un rectangle bleu ciel de la taille d'un ticket de métro scratché sur sa poitrine. Sur les 146 000 policiers que compte la France, on dénombre 12 000 de ces flics formés à la va-vite.

Un ADS gagne en moyenne 1 340 euros net par mois s'il travaille à Paris ; 1 280 en province. Comme mes camarades de promo, j'ai signé un contrat de trois ans, renouvelable une fois. Si la vocation me venait sans prévenir, je pourrais passer le concours de gardien, ce qui me permettrait ensuite de passer à un salaire net mensuel de 1 800 euros la première année.

Plusieurs raisons m'ont poussé à opter pour le statut d'ADS. D'abord, le concours avait l'air accessible : un test de lecture, d'écriture et de calcul ; un test d'effort physique rudimentaire et un entretien devant trois policiers et un psychologue. La formation de trois mois – contre un an pour les gardiens de la paix – me garantissait une entrée rapide en fonction. Enfin, ce statut me laissait la possibilité de démissionner sans avoir à rembourser des frais de scolarité.

– Pour rassurer la mémé, il faut envoyer du bleu, reprend chef Goupil.

Envoyer du bleu, c'est-à-dire inonder les rues de policiers bien visibles, mais aussi au sens figuré : des petits nouveaux. Nous allons devenir des flics pots de fleurs, en faction devant des bâtiments publics, dans des lieux de passage ou de tensions. Au deuxième rang, un jeune homme au visage poupon bâille.

– Attention ! sermonne chef Goupil en traçant un trait au tableau, un trait à chaque bâillement ! Au cinquième trait, toute la section ira pomper dix fois sur le goudron froid !

Chef Goupil passe de table en table pour distribuer une copie à chacun. Sur l'en-tête figure le mot « autobiographie ».

– Je veux que vous me racontiez votre parcours personnel. Ça ne sortira pas de l'école. C'est pour apprendre à mieux vous connaître.

Je saisis ma copie et me mets à déballer une vie. Pas celle où je suis diplômé de l'école de journalisme de Bordeaux, où j'ai vécu six mois au Canada avec la fille dont j'étais amoureux et où je m'inquiète pour mon père malade. Non, je compose une existence maquillée de moments réels. J'écris sur mon passé de salarié dans une brocante, un job que j'aurais occupé six ans – en réalité, j'ai travaillé là-bas pendant quatre étés, quand j'étais étudiant. Je raconte la faillite du dépôt-vente. Ça aussi, c'est vrai. « Aujourd'hui, je veux devenir policier pour défendre mon pays de la menace terroriste. » Je dissémine quelques fautes, tout ce qui peut m'aider à rester sous les radars.

Goupil ramasse les copies et nous lance, sans sourire : « En vingt secondes, j'arrive à vous cerner. Si j'ai un doute, je vous laisse parler deux minutes. Et là, c'est bon. »

Mon estomac se noue.

CHAPITRE 5

Dès le premier matin, Alexis m'a trouvé un deuxième surnom : Ronflex.

– T'as fait du bruit toute la nuit, enfoiré, grogne-t-il, son long nez encore enfoui sous son oreiller.

6 h 25. J'ai dormi d'un trait, seulement réveillé au petit matin par le frottement de la couverture rêche sur mes jambes. Je prends une douche, me rase, pars déjeuner au self de l'école et regagne ma chambre pour enfiler mon uniforme.

Mes colocataires et moi ajustons nos tenues de flics. Nous nous observons, je ressens chez eux une fierté à endosser l'uniforme, l'impression d'appartenir à une unité, un corps, quelque chose de bien plus grand qu'eux.

– T'as une vraie tête de flic, me sourit un de mes camarades.

Assis au bord de son lit, Mickaël croise les lacets autour des crochets de ses Rangers. Je le remercie, rassuré d'avoir le physique de l'emploi, et glisse mon polo bleu ciel dans mon pantalon. C'est vrai, une fois habillé, je me sens déjà un peu flic.

Je pars fumer une cigarette et, à 7 h 45 exactement, je me retrouve avec tous les autres au garde-à-vous pour assister à la montée du drapeau tricolore. Ce moment s'appelle « la cérémonie des couleurs ». L'étendard français est hissé tout en haut d'un mât métallique blanc. L'instant est solennel. Seul le tintement de la ficelle contre le métal du mât rompt le silence.

– Repos !

Nous décollons notre pied gauche du droit et effectuons un pas de côté. Les mains se joignent dans le dos. Cette petite chorégraphie devra recommencer chaque jour, avant et après les cours.

*

– Dans la troupe, y a pas d'jambes de bois !

– Dans la troupe, y a pas d'jambes de bois !

– Y a des nouilles, mais ça n'se voit pas !

– Y a des nouilles, mais ça n'se voit pas !

Sous l'averse, nous marchons au pas depuis une dizaine de minutes. Le brigadier-chef Bellion, notre responsable pédagogique, nous fait tourner autour d'un grand rond-point : la place d'armes de l'école de police de Saint-Malo.

Avant de nous faire chanter à tue-tête, chef Bellion nous a résumé son CV. Ancien flic de la BAC[2], cet homme à la carrure imposante a officié pendant plus de dix ans en Seine-Saint-Denis.

Planté au milieu de la place, le chef sourit.

– Plus fort ! *La meilleure façon d'marcher…*

Les plus grands de taille ont été postés derrière, les plus petits, devant. Du haut de mon mètre soixante-dix-neuf, j'ai pris place au troisième rang. Les talons des Rangers s'écrasent sur le macadam.

– Pour l'ensemble, fixe ! crie le chef Bellion. Ouais, c'est pas mal ! Mais ça peut être encore mieux !

Au moindre décalage, nous devons recommencer. Encore et encore.

*

---

2. Brigade anticriminalité.

Dans la chambre 205, le calme règne. Tout le monde est parti à la salle de sport avant le dîner. J'ai préféré me poser sur mon lit et commencer à mater la saison 1 des *Soprano* sur mon lecteur DVD portable.

Romain aussi est resté dans la chambre. Assis près de la fenêtre donnant sur la place d'armes, il termine une prière, un chapelet en main. Dès la veille, j'ai découvert que mon camarade était un fervent catholique. Je l'ai vu prier deux fois déjà.

Sur le chemin qui mène à la chambre, il m'a parlé de sa vie d'avant. Quand il fréquentait des collectionneurs d'objets à la gloire du Troisième Reich, genre buste d'Hitler et drapeaux de l'Allemagne nazie. La discussion est partie du pull porté par un élève gardien de la paix : un sweat noir marqué des lettres SS. Romain connaissait ce genre de vêtement, des fringues de fachos maquillées en vêtement sportswear.

– J'étais au collège et ça faisait bien de suivre des grands d'une vingtaine d'années, m'explique-t-il.

Il n'était pas toujours à l'aise avec cette bande. Il a décidé de couper les liens après le tabassage d'une femme arabe. « Elle était enceinte », précise-t-il avant de poursuivre.

– Après, je suis parti faire des études en région parisienne. La première personne à m'avoir parlé, c'était un Indien. Une semaine après, il m'a invité à dîner chez ses parents. Quand je suis reparti, sa mère a pleuré. Je lui ai demandé pourquoi. Elle m'a répondu : « Parce que tu es une belle personne. »

Romain me raconte l'anecdote d'une voix douce. Il a des traits réguliers, fins, et dégage une sorte de sérénité, un calme inébranlable. Il m'intrigue. Je pianote sur mon téléphone et lui montre un article du *Monde* qui m'avait marqué sur l'implantation du Front national dans son département d'origine. Il sourit.

– J'étais très investi au FNJ, mais j'ai lâché l'affaire. Le soir du débat d'entre deux tours, Le Pen a été tellement nulle…

Romain soupire, encore exaspéré par cet épisode. Il a tant donné pour le parti.

– Maintenant, ce qui est sûr, c'est que je voterai plus pour le FN, même si je continue de voter bien à droite, précise-t-il. Par contre, je déteste vraiment les communistes et les antifa. Ces gens-là sont des parasites. Ils fument, ils boivent, ils ne travaillent pas.

Romain n'est pas allé à la salle de sport parce qu'il attend un appel de sa copine, rencontrée à l'école de gendarmerie – il a finalement préféré la police tandis qu'elle est restée chez les militaires. Il semble éperdument amoureux.

– Avec elle, c'est compliqué. Ah mince, elle me rappelle. Désolé ! s'excuse-t-il en sortant de la chambre pour décrocher.

CHAPITRE 6

Une silhouette noire me menace à cinq mètres. J'appuie sur la détente, pour la première fois de ma vie. La cartouche s'éjecte de mon arme et, malgré le casque anti-bruit fixé sur ma tête, la détonation sourde me surprend. Mon corps sursaute, je recule d'un mètre, une douille métallique s'échappe de mon calibre neuf millimètres et retombe à quelques centimètres de moi. Je crève de chaud. Ma première balle s'est logée dans le plafond du stand de tir.

Le casque m'isole des bruits périphériques. Les paroles de la cheffe Milat me parviennent comme si je me trouvais dans un bocal. L'instructrice à la chevelure blonde crie pour se faire entendre. « Je suis spécialisée en jiu-jitsu brésilien », a-t-elle prévenu en introduction de ce premier cours.

Elle sera aussi notre formatrice pour les sports de combat.

– Tu dois verrouiller tes coudes. Tu n'es pas assez planté dans le sol.

Je me concentre. Je tiens fermement mon arme avec mes deux mains. Mon index gauche est posé à proximité de la détente. Les bras tendus, le regard dirigé uniquement vers la cible, même posture que les trois ADS à côté de moi.

Cheffe Milat siffle. Nous tirons. Ma deuxième balle effleure la feuille suspendue à deux crochets. Encore raté. Je rengaine mon arme dans son étui en plastique rigide, comme cheffe Milat nous a demandé de le faire après chaque tir. L'idée est d'apprendre au passage à dégainer le plus vite possible.

Le stand de tir ressemble à une piste d'athlétisme : des couloirs numérotés sont peints en blanc et le tartan est remplacé par du vinyle bleu. Nos armes sont des Sig Sauer SP 2022. En 2003, Nicolas Sarkozy, alors ministre de l'Intérieur, décide d'équiper la police, la gendarmerie, les douanes et l'administration pénitentiaire d'un même pistolet. La firme germano-suisse Sig Sauer remporte l'appel d'offres ; cette arme automatique détrône alors l'antique Manurhin, et son look proche du colt de western.

Au ceinturon, les 900 grammes du Sig me pèsent. Je me sens maladroit avec ce truc. À ce moment précis, je pense à la facilité d'entrer dans la police. Et si, un jour, quelqu'un s'infiltre pour commettre un attentat, par exemple ? Un fiché S, un anar' ou un taré qui voudrait dessouder du flic ? Serait-ce aussi facile pour lui que pour moi ?

Nous sommes en plein état d'urgence, et moi, détenteur de la carte de presse n° 119895, je me retrouve là, sur un stand de tir, entouré de futurs policiers sans jamais avoir menti sur mon identité ? Une personne mal intentionnée pourrait, à ma place, se mettre à défourailler à tout va.

Je tire de nouveau. Ma troisième balle atteint la cible. En plein dans le buffet du bonhomme de papier. Je tire au total vingt cartouches, huit seulement atteignent leur but. Fin de l'exercice.

– Allez, vous ramassez les douilles et vous changez les cibles, nous intime cheffe Milat.

Nous ôtons nos casques, le monde redevient bruyant. Je range le flingue dans une caisse en bois.

– Vous pouvez garder la feuille, lance l'instructrice. Aux quatre suivants !

Je roule ma cible en boule et la jette dans la poubelle. Hors de question que les autres voient mes piteux résultats.

Avant notre première séance de tir, cheffe Milat nous a d'abord entraînés avec des armes factices en plastique. Nous devions apprendre à les manier et intégrer les consignes de sécurité : toujours considérer l'arme comme étant chargée ; toujours garder l'index le long du pontet (la boucle protégeant la détente d'une pression accidentelle) ; toujours positionner l'arme et le canon vers une zone de sécurité.

– Regarde Papy, j'en ai mis dix-neuf, dit Mickaël en me montrant sa feuille. J'ai foiré la dernière. Dégoûté !

Bonne nouvelle, mes camarades ont finalement préféré « Papy » à « Ronflex ».

– Putain, dix-neuf ! C'est vachement bien, je commente.

– Et toi ? Combien ?

– J'en sais rien, j'ai pas compté. Pas ouf.

CHAPITRE 7

Dans la chambre, Alexis est toujours le premier levé. Ce matin, il en a profité pour grimper sur mon lit. J'ai ouvert les yeux, réveillé en sursaut. Je rêve ? Mais non ! Ce débile vient de poser ses couilles sur mon front !

Alexis se marre. Il alerte les autres, montre la photo qu'il vient de prendre. Eux rient à gorge déployée. Décontenancé, je crie :

– T'es vraiment une grosse merde !

Alexis continue de me regarder en souriant.

– Tu veux jouer à ça ? je le menace, furieux. OK, tu vas voir !

Il s'étouffe presque, laissant apparaître ses grandes dents chevalines. Il attrape sa serviette de toilette et quitte la chambre, claquettes aux pieds.

Alexis, c'est ce type qui rêve d'intégrer la BAC, « pour l'adrénaline ». En attendant, il boit quatre à six shakers de protéines par jour : il veut prendre de la masse musculaire. Mais pour l'instant, malgré la potion protéinée, il ressemble à une grande tige maigrelette. Ce voisin de chambre est devenu papa à 17 ans. Ancien maître-chien, il vit séparé de sa compagne de l'époque et ne voit sa fille – sa « princesse » – qu'une semaine sur deux, juste le week-end.

Lui qui va bientôt faire appliquer la loi n'a semble-t-il pas conscience que son geste correspond à la définition juridique d'une agression sexuelle « commise par surprise ». Il pense avoir fait une bonne blague, le genre d'humiliation permise quand on est un mec alpha.

– Putain les gars, ouvrez la fenêtre, ça pue la vieille chatte ! braille Clément.

CHAPITRE 8

Mon calvaire commence un vendredi matin, dans un cours de chef Goupil. Je suis à l'école depuis un mois et, au milieu du flot de paroles du formateur, une phrase me glace.

– Je ne sais pas si vous avez regardé le *Cash investigation*, mardi soir…

Je rougis jusqu'aux oreilles. Il fait référence au documentaire que j'ai tourné pour France 2, quelques mois plus tôt. Ma première et unique pige pour la télévision. Une immersion dans un Lidl, une caméra cachée à la boutonnière. À la fin du reportage, acte manqué, j'avais accepté d'être filmé à visage découvert dans un salon parisien, sous mon troisième prénom : Raphaël. Comment prévoir qu'au moment de la diffusion du reportage, je serais de nouveau infiltré ?

Lorsque Goupil évoque l'enquête, mon premier réflexe est ridicule : je me planque sous la table, et feins de ramasser un stylo tombé au sol… Comme une autruche, j'attends que ce moment passe. Je veux disparaître.

Depuis 2014, en tant que journaliste, je me suis un peu spécialisé dans les infiltrations. J'ai commencé comme ouvrier à la chaîne, dans une chocolaterie industrielle, à Villeneuve-d'Ascq. Ensuite, je suis devenu salarié dans un centre d'appel ; vendeur de contrats de gaz et d'électricité en porte-à-porte ; chargé de recouvrement bancaire chez Cofidis et enfin ouvrier à la chaîne dans une usine Toyota. J'ai compilé ces cinq infiltrations dans un premier bouquin intitulé *Les Enchaînés*[3].

Le plan *Cash investigation*, je l'ai eu par une amie. Elle bossait dans la boîte de production de l'émission. La réalisatrice cherchait un type pour montrer les conditions de travail dans le supermarché hard-discount allemand. Pour ma sixième infiltration, j'ai testé les cadences infernales, vu les dos cassés des collègues avant 30 ans, et subi les ordres dictés directement dans mes oreilles par un programme informatique.

---

3. Thomas Morel, *Les Enchaînés*, Les Arènes, 2017.

Une infiltration dont la difficulté ne résidait pas dans mon embauche, mais dans le fait de résister à cette déshumanisation pendant deux mois.

En quatre ans, je ne me suis jamais fait démasquer. Et là, en feignant de chercher mon stylo, sous la table, je réalise mon imprudence. Pourquoi ai-je montré mon visage à l'écran ? Je vais peut-être faire échouer mon immersion actuelle, la plus osée, à cause d'une immersion précédente.

Chef Goupil parle d'une autre séquence que la mienne, un cas de harcèlement moral, dont un extrait sonore tourne en boucle depuis trois jours sur Internet. Peut-être qu'il n'a vu que ce teaser.

– Vous pouvez être amené à rencontrer des cas comme celui-ci, dit-il avant de passer à autre chose.

– Pépé, tu cherches quelque chose ? me lance Mickaël-cube-de-muscles, amusé.

Je sors de mon trou.

– Mon crayon, dis-je d'une voix blanche.

– Sur ta table…

– Ah putain, j'suis con.

Je traverse la matinée en attendant impatiemment le vendredi midi, synonyme de retour chez mes parents. Dans la voiture, je souffle un grand coup. Je me concentre sur les bonnes perspectives du week-end : je vais charrier mon père, taper dans le ballon et boire des bières avec les potes du foot et laisser derrière moi cette école et ses élèves. Je veux dormir aussi. Ensuite, tout ira mieux.

Le dimanche soir, je retourne à l'école à reculons. Je ne suis pas rassuré. Valise à la main, je pousse la porte de la chambre.

– Salut les poulets ! Je feins la légèreté. Vous avez passé un bon week-end ?

Je serre les mains : Alexis, Romain, Julien, Micka, Clément. J'arrive devant Basile qui, au bord de la fenêtre, teste les écouteurs sans fil qu'il vient d'acheter.

– Salut Papy !

Sa voix monte parfois dans les aigus, comme s'il n'avait pas fini de muer. Je range mes vêtements dans une armoire de plus en plus désordonnée. Du dentifrice a giclé contre la housse de mon lecteur DVD portable. Basile m'interpelle :

– Au fait, Papy, j'ai regardé l'émission dont parlait chef Goupil, vendredi. C'est drôle, mais dedans y a un gars qui te ressemble beaucoup.

Je me crispe intérieurement, tout en essayant de conserver un air détaché. Je continue de ranger mes fringues.

– De quoi tu parles ?
– Regarde, c'est toi ça, dit-il en me montrant l'écran de son smartphone.

Il sourit en coin, comme s'il avait préparé son coup, et ménagé l'effet de surprise.
– T'es journaliste en fait. Et tu fais une infiltration sur la police.

En une seconde, tout le repos accumulé durant le week-end vole en éclats. Je perds toute confiance en moi. Ma voix tremble, mon corps flageole. Je rassemble le peu de contenance qu'il me reste.
– Ah oui, il me ressemble vachement le mec. Mais non, c'est pas moi.
– Si, si, c'est toi.

Je nie l'évidence. Que faire d'autre ?

Basile envoie une capture d'écran de ma tête dans *Cash investigation* sur le groupe Facebook de la section. Dans la seconde, les vingt-huit autres ADS de la section 1 apprennent qu'une personne avec un physique étrangement semblable au mien vient de passer à la télé et qu'il est journaliste.

Mon pire cauchemar se réalise. Je crève de trouille.

CHAPITRE 9

« Allez, dis-le, que t'es journaliste, on s'en fout ! Dis-le que Raphaël, c'est toi ! » s'amuse un ADS.

Mon café noir du petit-déjeuner fume derrière mes yeux rougis par le manque de sommeil. Ma montre indique 6 h 45 et déjà, je patauge dans la semoule. Je vais passer la journée à mentir, à tenter de convaincre que l'évidence n'en est pas une.

La nuit précédente, je l'ai passée à remuer une seule et même question, comment continuer mon infiltration ? Dans la chambre endormie, j'ai gardé les yeux grands ouverts.

Je deviens parano à mesure que les jours défilent. Des événements bénins m'angoissent. Je vis désormais dans la crainte qu'un ADS moucharde auprès de nos formateurs. Un retard de quelques minutes de chef Goupil et je vrille : « Ça y est, ils m'ont repéré, ils sont en train de voir comment ils vont me confondre, ils vont m'interpeller directement dans la classe… Je suis démasqué. »

Il y a aussi ce jeudi matin où les policiers qui contrôlent l'état de nos lits convoquent mes six camarades de chambre, et pas moi. TOUS SAUF MOI. Pour des lits mal faits ? J'imagine mes colocs subir un interrogatoire, des questions sur mes habitudes, des détails qui auraient attiré leur attention… Et finalement, rien. Les six ont dû rédiger un rapport sur cette histoire de lit en bordel. J'échappe à la sanction, pas à la crise de panique.

Je suis parfois mon propre adversaire, comme ce matin où chef Goupil interroge notre section à la cantonade : « Quel ancien ministre de l'Intérieur a été condamné pour détournement de fonds publics ? » Je lève la main, réponds « Claude Guéant ». Chef Goupil hoche la tête. Dans mon dos, un camarade souffle : « Il est peut-être journaliste, lui, finalement. »

CHAPITRE 10

Au fil des semaines de formation, je me rapproche de Mickaël-le-cube. Micka et ses abdos dessinés, ses pectoraux gonflés, ses deltoïdes impressionnants. On dirait qu'il fait tout ça pour compenser son mètre soixante et un. N'empêche, ce type est impressionnant.

En début de trimestre, Micka et Alexis étaient assez proches, grâce à leur passion commune pour la musculation et leur passé de maître-chien. Et puis, petit à petit, les deux gaillards ont pris leurs distances et Micka s'est davantage rapproché de moi.

Nous avons le même âge, 29 ans, ce qui nous classe parmi les doyens de la section. En classe, il est assis derrière moi, et nous bavardons beaucoup, dissipés comme deux cancres. Nous avons tous les deux hâte de terminer cette formation.

Moi, parce que je suis angoissé d'être démasqué – ma paranoïa m'épuise. Micka, lui, est très mal à l'aise avec le système scolaire, les évaluations le torturent. Alors au fil des jours, Micka devient mon ombre et moi la sienne. Il m'accompagne quand je sors fumer une clope, lui vapote sa cigarette électronique. Nous passons plusieurs soirées ensemble à réviser. Mon acolyte ne prend plus de pincettes pour désigner ses ennemis de l'intérieur. Les Arabes, il les nomme « les crouilles », « les gris », « les bicots ». Les migrants ? Il les renverrait bien « dans un charter ».

– Pépé, tu sais ce qui sépare l'homme du singe ?

– Non…

– La Méditerranée !

Mickaël éclate de rire. Sur son téléphone, il me montre des photos datant d'avant sa transformation physique. Il ressemblait à une crevette, un petit bonhomme inoffensif.

– L'idéal, tu vois, c'est quand ton cou est aussi large que tes biceps et tes cuisses, m'explique-t-il.

Lors d'un cours sur le menottage « qui ne doit en aucun cas être systématique », indique le polycopié, la cheffe Milat nous distribue des « pinces », comme on dit dans le jargon. Je les essaye sur mon nouveau comparse.

– Tu vois, faut pas serrer trop fort, sinon, tu vas me péter le poignet, m'explique Mickaël.

Sous le soleil, près de l'héliport, nous passons en revue les différentes techniques. Menottage debout, en appui contre un mur, à genoux, assis, allongé sur le dos. Sur le ventre.

– Quel est l'article de loi pour le menottage ? demande la cheffe.

– C'est le 803 du code de procédure pénale, répond un ADS, presque du tac au tac.

– Voilà, c'est ça. C'est bien, les mômes, nous félicite cheffe Milat.

CHAPITRE 11

Un jeudi soir, nous décidons de regarder un film dans la chambre. Alexis trouve, en streaming, le long métrage *La Vague*, fiction recommandée par chef Goupil quelques jours plus tôt. L'histoire d'un prof qui, dans sa classe, instaure un État répressif et hiérarchisé, pour mieux le dénoncer.

Le lendemain, avant notre cours de tir, Mickaël évoque le film.

– En fait, nous, on est un peu comme eux. On a un uniforme, on est un groupe visible, on a des signes pour se reconnaître.

Il mime le geste du salut.

– Quand tu y penses, nous aussi c'est un truc autoritaire.

*

En tant que futurs porteurs de l'uniforme, nous allons avoir *un pouvoir supplémentaire* sur le citoyen lambda. Celui de le contrôler, de le fouiller voire de le punir en le collant, par exemple, en garde à vue. Comment nous enseigne-t-on la responsabilité qui va avec ce pouvoir ? Comment nous transmet-on une éthique adéquate à ces situations ? La réponse s'appelle « le code de la déontologie ». Chef Goupil nous en distille l'esprit durant une dizaine d'heures, soit environ 1 % du temps de notre formation déjà considérée comme express.

Je relis les quelques notes prises dans mon cahier. « La police est l'institution la plus contrôlée. »

Parmi les points importants, on trouve « l'obéissance » (article R. 434-5). Un policier est soumis à une chaîne hiérarchique. La chaîne hiérarchique donne un ordre, il faut l'exécuter. Sauf les ordres illégaux. L'emploi de la force (R. 434-18) rejoint la légitime défense ; il est prévu et réglementé : « Seulement lorsque c'est nécessaire, et de façon proportionnée au but à atteindre ou à la gravité de la menace, selon le cas. » L'impartialité (R. 434-11) est la neutralité, l'absence de parti pris. Il ne doit pas y avoir de discriminations ni de sélection dans les interventions.

La probité (R. 434-9) touche à l'interdiction de corruption et de trafic d'influence.

Nos obligations à l'égard du public sont « dignité, intégrité, impartialité, loyauté, exemplarité et respect absolu des personnes ». Tout cela est réuni sous l'acronyme Diiler. C'est ce qu'on appelle un gentil coup de pouce mnémotechnique : quand on prononce l'acronyme à haute voix, ça fait « dealer » ! Je retiendrai.

Dans notre formation théorique, chef Goupil nous donne un jour un cours sur les violences conjugales. Sujet brûlant. En 2018, 121 femmes ont été tuées par leur conjoint ou ex-conjoint. Soit une moyenne d'un féminicide tous les trois jours. Trois, c'est aussi le nombre d'heures consacrées au sujet dans notre formation – un ajout mis en place en 2014. Avant cela, les ADS ne bénéficiaient d'aucun cours spécifique sur les violences conjugales.

Chef Goupil n'a pas de temps à perdre. Il égrène à la va-vite les services de police spécialisés. Notamment la cellule de recueil des informations préoccupantes. Je note un numéro vert – le 3919 – réservé aux femmes victimes de violence. Un autre, intitulé « ligne téléphonique pour personne en grande difficulté », existe. Un article du *Monde* daté de mars 2019 mentionne que le nombre d'appels sur cette ligne a doublé en un an.

– Vous en aurez beaucoup, des connards qui tapent leur femme, lâche le chef.

Et c'est tout. Pour savoir comment un flic lambda procède en pareil cas, on repassera. Nous avons du temps pour découvrir comment menotter et tirer, pas pour apprendre à accueillir et accompagner une femme victime de violences conjugales.

Sur mon cahier, je recopie le schéma du cycle de la violence décrit par chef Goupil. Une courbe ponctuée de moments de tension dans un couple, mêlés à des périodes de crise, de justification et de lune de miel. Jusqu'à la rupture totale ou la mort.

Après une heure de cours théorique, Goupil clôt la microformation par la projection du film *Mon roi* de la réalisatrice Maïwenn. Sur l'écran, Vincent Cassel frappe sa compagne dans une relation venimeuse et terrifiante. Le formateur regarde un bout du film avant de quitter la salle. Alexis s'endort sur sa chaise.

CHAPITRE 12

Les premières affectations tombent pour ceux qui souhaitent exercer dans l'Ouest. Megan, une grande gueule, va atterrir dans un Centre de rétention administrative[4], ou CRA. Elle boude. Ce n'est pas la police qu'elle imaginait, elle voulait sa place dans un commissariat mais, pour le moment, elle va devoir surveiller des migrants.

– Vaut mieux faire un an là-bas que cinq ans à la guérite, là où tu appuies sur le bouton rouge pour ouvrir le portail, tente de la rassurer le chef Goupil.

Une ADS apprend qu'elle sera greffière dans un autre CRA. Son mec, lui, escortera

4. Lieu fermé où sont détenus les étrangers faisant l'objet d'une décision d'expulsion du territoire français.

des détenus de la prison au tribunal. Beaucoup sont déçus, l'école leur a fait oublier que nous ne sommes que des assistants flics promis à des postes de subalternes.

Mickaël apprend qu'il atterrira dans une petite ville huppée de la côte normande.

– Des bourges… lâche-t-il comme seul commentaire.

J'imagine sa silhouette cubique patrouillant dans les rues de la ville, au milieu des caniches emmitouflés tenus en laisse par de petites mémés fortunées. Il tire la tronche.

– On va boire un coup ? me propose-t-il.

Mon collègue ne supporte plus les commérages et l'ambiance potache de la section. C'est vrai que les choses volent parfois très bas. Moi-même, j'ai tenté de prendre ma revanche sur Alexis en démontant son lit et en disséminant les pièces dans l'étage. Ce qui m'a valu de me réveiller un matin avec un post-it « j'aime la bite et je suce gratuitement » sur la tête, une verge dessinée sur le front et du gel sur les poils de jambes. Le signe qu'il valait mieux s'arrêter là dans ce concours adolescent.

J'accepte la proposition de Micka. Il nous faut dix minutes pour arriver dans la vieille ville déserte, bondée de maisons à colombages, une vraie carte postale. Nous entrons dans le premier bar venu.

– J'ai fait des conneries quand j'étais jeune. J'ai failli mal tourner et c'est un gendarme qui m'a sauvé, me confesse mon ami.

– T'as fait quoi ?

Il évoque les neuf condamnations inscrites sur son casier judiciaire. Vol de voiture, trafic de shit, violation de propriété privée… La seule case non cochée sur son CV reste celle de la prison.

– J'étais un cassos. J'ai été exclu d'un collège de la dernière chance.

Après ces déconvenues, il est parti en apprentissage, enchaînant les entreprises où les choses avaient tendance à mal finir avec ses patrons. Mickaël est un impulsif. Dans son dernier boulot, agent de sécurité, il se fritait trop souvent avec des types bourrés en sortie de boîte.

– Pour rentrer ici, je suis passé devant une commission. J'ai joué cartes sur table, ajoute-t-il.

Ce passé chargé lui interdit de faire le moindre écart, sous peine d'être renvoyé. Mais cette pression sur ses épaules lui pèse. Il attend avec impatience de pouvoir quitter l'école. Comme moi. Le soir, nous révisons parfois ensemble. L'évaluation théorique nationale approche, une épreuve angoissante pour lui.

J'ai l'impression que n'importe qui peut devenir flic : un journaliste, un ancien facho et, plus improbable, un mec avec un casier judiciaire. En même temps, à notre décharge, nous ne sommes pas « fonctionnaires » mais « contractuels », aussi appelés « les précaires de la fonction publique ». Un statut conçu à la base pour être temporaire, mais qui a fini par devenir permanent ; selon l'Insee, il définit aujourd'hui environ un million des 5,6 millions d'agents de la fonction publique.

Le pire, c'est que malgré ces largesses dans les critères de sélection, j'ai failli me faire recaler ! Comme pour Mickaël, mon dossier est passé en commission pour cause de vision trop basse de mon œil droit. Après étude de mon cas, il s'est avéré que mon acuité visuelle d'1/10 ne m'empêcherait pas d'intégrer la formation. À la réflexion, heureusement pour moi qu'ils acceptent tout le monde !

*

Mon coloc Basile est le plus acharné sur cette histoire de *Cash investigation* et de journaliste infiltré. J'essaye de me le mettre dans la poche, bois des coups avec lui, l'abreuve d'anecdotes sur mon passé fictif. Mais il n'en démord pas.

Je vis avec la sensation permanente d'être sur un siège éjectable. Je suis toujours sur mes gardes, veillant à ne pas lâcher une boulette. J'ai même parfois peur de parler à voix haute pendant mon sommeil. C'est épuisant.

– Papy, il fait des reportages, me vanne Basile un soir en rigolant alors que nous discutons dans la chambre.

– Arrête, t'es lourd !

Je m'énerve, sors de ma poche la clé du cadenas de mon armoire.

– Tiens, tu veux regarder si j'ai une caméra ? Vas-y ! Regarde ! Y a rien ! Que dalle !

Je le regarde, menaçant. Il n'ose plus me répondre.

– Le type de la télé, c'est pas moi, OK ? Si je veux trouver un type avec la même tête d'abruti que toi, c'est pas un problème !

Après ça, il me foutra la paix, jusqu'à la fin.

CHAPITRE 13

Cérémonie de fin de scolarité, 24 novembre 2017. Après le discours du préfet, nous jetons nos casquettes vers le ciel. Juste après, Mickaël me présente sa copine et ses parents. Énième provocation, j'ai proposé à mon père d'assister à la cérémonie. « C'est même pas la peine d'y penser, blanc-bec ! » m'a-t-il répondu.

Je termine à la 27e place sur une promotion de 54, pile au milieu, bien calé dans le ventre mou. Ce classement n'aura aucune incidence pour la suite de nos carrières policières.

C'est officiel, je suis flic. Scratché sur mon torse et sur les épaulettes, j'arbore mon galon bleu cobalt d'ADS, fondu dans la masse d'uniformes. Désormais, je connais les grades de police par cœur. Au-dessus de mon petit statut d'ADS, il y a le gardien de la paix, le sous-brigadier, le brigadier, le brigadier-chef, le major, puis le capitaine et le commandant. Au sommet de cette pyramide trône le commissaire.

J'attends de connaître mon affectation, sans savoir où le vent de l'administration policière me portera.

*

Quatre jours plus tard, nous, les ADS ayant demandé une affectation à Paris et en Île-de-France, sommes rassemblés dans un amphithéâtre de la préfecture de police. Nous allons enfin savoir quel poste va nous être attribué.

– En vingt ans, 4 500 ADS ont travaillé à Paris, et par la suite 44 % ont réussi le concours gardien de la paix.

J'écoute le major Castro d'une oreille, stressé par l'attente de mon affectation. Nos hôtes font durer le suspense.

– Quand vous serez dans vos services, apportez un cadenas, explique un autre flic resté debout au bas de l'estrade, à côté du major. Parce que y a pas de voleurs dans la police, y a que des volés…

Enfin, le major entame l'énumération des affectations, par ordre alphabétique. Je me crispe.

– Gendrot ?
– Présent !
– Vous, c'est l'Infirmerie psychiatrique de la préfecture de police de Paris. Personne ne va venir vous chercher, il faut y aller par vos propres moyens.

Infirmerie machin chose ? C'est quoi ce truc ? Grosse baffe. Mon rêve d'infiltration dans un commissariat s'envole.

CHAPITRE 14

Chauffeur de fous. Je suis chauffeur de fous. Une rapide recherche sur mon smartphone et j'apprends que l'Infirmerie psychiatrique de la préfecture de police de Paris – « l'I3P » pour les initiés – se situe dans le 14e arrondissement, à deux pas de l'hôpital Sainte-Anne et de la prison de la Santé.

Au deuxième étage d'un immeuble de la rue Cabanis, j'emprunte un ascenseur sécurisé et arrive dans un long couloir aux teintes défraîchies. Des soignants s'agitent. Sur leur blouse, ils arborent l'écusson rouge et bleu de la préfecture de police de Paris. Ils parlent d'un patient arrivé la veille.

J'ai rendez-vous avec une femme au visage blasé, cadre de santé à l'I3P. Elle m'adresse une poignée de main ferme, sans sourire. Je la suis jusqu'à son bureau.

– Votre fonction principale consiste à transporter des patients vers des unités psychiatriques spécialisées. Vous devez aussi vous assurer du niveau d'essence et de la propreté du véhicule.

Le véhicule en question stationne en bas, une ambulance Citroën C8.

Dans mon gros paquetage policier que je traîne depuis mon arrivée dans ces locaux, j'ai entassé mon uniforme et mes Rangers cirées et prêtes à l'emploi. Dans ma main gauche, je tiens mon gilet pare-balles noir.

– Ça, vous n'en aurez pas besoin, vous travaillerez en civil, m'explique la cadre.

– Et pour l'arme de service ? Je dois la récupérer vendredi, normalement.

– Vous n'en aurez pas besoin non plus. Ici, il n'y a pas d'armes.

La cadre répond à ma question naïve par un premier sourire. Elle me décrit un rythme de travail souple, trois jours de boulot pour trois de repos.

– Votre journée, c'est de dix à vingt heures. Si vous avez terminé à dix-huit heures, il y a une tolérance pour vous laisser partir. Vous travaillerez en binôme avec un autre ADS.

L'I3P est un lieu bien protégé, je vous demande de garder le secret professionnel, surtout quand des gens connus arrivent ici.

L'agitateur russe Piotr Pavlenski en personne a atterri ici fin 2017 (à ce moment-là, il n'avait pas encore revendiqué la publication d'une *sex-tape* qui vaudra à Benjamin Griveaux d'abandonner la course à la mairie de Paris), après qu'il a mis le feu à la porte d'une succursale de la Banque de France.

Je me demande soudain ce que je fais ici, si loin de mon objectif initial. Me suffit-il de rester deux ou trois mois puis de demander une nouvelle affectation en commissariat ? Au lieu de mes neuf mois d'infiltration programmés (trois mois d'école et six mois dans un commissariat), ce serait une rallonge acceptable. Après tout, il y a des impondérables dans une infiltration. Comme si la cadre devinait mes pensées, elle me dit :

– Ici, les ADS restent un an.

Un an ! Cette précision m'achève. Un an, c'est beaucoup trop. Un an, c'est hors de question. Que faire ? Démissionner ? Mais que ferai-je de mes trois mois de formation à l'école de flic ? Vendre un article sur la formation des policiers ? Pffff… Quelle journée de merde.

Une fois le rendez-vous terminé, la cadre m'invite à rejoindre la salle de pause afin que l'on m'explique le fonctionnement de la structure. Je franchis une porte battante derrière laquelle s'alignent les chambres des fous, des portes grenat éclairées par de faibles lumières. Une femme de ménage vogue de piaule en piaule et débarrasse les restes de plateaux-repas.

Côté gauche du couloir, une cuisine ; à droite, la salle de pause. Je m'introduis dans la pièce, repère un homme barbu affublé d'une blouse bleue.

– Bonjour, vous êtes le nouveau médecin ? me dit-il en souriant.

– Non, je suis le nouvel ADS et…

– Ah, t'es le nouveau chauffeur ! Bienvenue ! Moi, c'est Jocelyn. Je suis surveillant ici.

Les surveillants portent une blouse bleue, les infirmiers, une blanche. Le type semble sympathique, mais je ne me sens pas d'humeur conviviale. J'ai juste envie d'être seul pour réfléchir.

– Ici, ce qui est bien, c'est que vous avez du temps pour préparer vos concours de gardien de la paix.

– C'est pas faux, je réponds.

Mon interlocuteur ne semble pas débordé de travail. D'un pas tranquille, il part se préparer un thé dans la cuisine. Un autre homme en civil vient me rejoindre. Jérémy, mon collègue ADS. Devant mon visage déconfit, il sourit.

– J'te rassure, j'ai fait la même tronche que toi en arrivant ici.

Le collègue me briefe sur le service.

– En gros, ils nous font pas trop chier ici. Pour les transferts de fous, faut que tu télécharges l'application Waze sur ton téléphone. Je vais te filer les adresses des hôpitaux où on va. C'est partout en Île-de-France.

– Ça fait longtemps que t'es là ?

– Plus d'un an et demi. J'ai eu un petit alors c'était plus pratique.

Dans le couloir, un jeune homme vêtu d'un jogging noir marche au ralenti. Il ressemble à ce jeune homme blond d'*Elephant*, le film de Gus Van Sant. La tête perdue dans ses mèches blondes décolorées, le regard dans le vide, il nage dans son pantalon de sport. Il le perd, même, laissant apparaître un boxer en Lycra bleu. Une ceinture de cuir blanc maintient ses avant-bras contre son torse.

*

De rapides recherches m'apprennent que l'I3P a la réputation d'être une boîte noire.

« Lieu secret s'il en est, interdit au regard extérieur et aux journalistes, cet établissement unique en France, dans lequel sont "retenues" des personnes interpellées par la police et présentant des troubles psychiques, est de plus en plus contesté », écrivait en 2006 la journaliste du *Monde* Cécile Prieur[5].

Parmi les quelque 2 000 personnes admises chaque année à « l'Infirmerie », la plupart ont été interpellées par la police pour des délits. L'I3P fait office d'urgences psychiatriques réservées à la police parisienne. Une structure unique en Europe, un héritage datant de l'époque napoléonienne et associée dans l'imaginaire aux « lettres de cachet », ces ordres émanant du roi pour incarcérer, exiler ou interner une personne jugée indésirable. Les détracteurs du lieu parlent d'internements arbitraires et sans consentement.

Claude Finkelstein, présidente de la Fédération nationale des patients et ex-patients en psychiatrie (Fnapsy) a déclaré à propos de

---

5. Cécile Prieur, « L'infirmerie sans garde-fous de la préfecture de police de Paris », *Le Monde*, 28 décembre 2006.

l'I3P : « Il est plus que temps d'en finir avec ce système dérogatoire, qui s'apparente aux lettres de cachet. » Serge Blisko, ancien député et maire (PS) du 13e arrondissement, qualifiait en son temps l'établissement de « système psychiatro-policier ».

En France, une personne récupérée en plein délire dans la rue sera amenée devant un médecin puis, éventuellement, admise dans un hôpital psychiatrique. Sauf à Paris. Ici, elle passe d'abord devant une « UMJ » (unité médico-judiciaire) puis atterrit – pour une durée allant de 24 heures à 48 heures en moyenne – dans mon nouveau lieu de travail.

Le pape de l'infiltration en personne s'était intéressé à ce lieu. En 1925, Albert Londres publie *Chez les fous*. Au début de son livre, il raconte avoir tenté de se faire passer pour malade en allant à l'Infirmerie spéciale du dépôt, ancien nom de l'I3P. Démasqué par le médecin-chef de l'époque, il renonce à son infiltration.

Il est donc fort probable que, par le hasard de mon affectation, je sois le premier journaliste à pouvoir me balader sans contrainte dans ce couloir.

Derrière la porte d'une chambre fermée de l'extérieur, un homme hurle, il refuse de prendre un neuroleptique.
– Votre truc, ça va m'empêcher de bander. Moi je veux bander. Ça fait vingt et un ans que j'ai pas bandé !

Je dois l'avouer, cette nouvelle planète peuplée d'extraterrestres attise mon côté voyeur. À chaque infiltration, j'aime plonger dans un univers parallèle, un monde inconnu. Mais bon, j'ai signé pour raconter la police française.

J'essaye d'y voir clair. Mes infiltrations n'ont jamais duré plus de deux ou trois mois, et à cause d'elles, voilà quatre ans que j'enchaîne les contrats courts et les boulots éreintants. Si je reste ici un an à l'Infirmerie, je m'assure enfin une stabilité géographique et financière.

De plus, la chimio de mon père va bientôt reprendre. Quitte à avoir un job, autant pouvoir passer le plus de temps possible à ses côtés. À l'Infirmerie, chaque semaine, après trois jours de travail on dispose de trois jours de repos consécutifs. Cela me permettrait de rentrer souvent à la maison.

Ainsi, je n'abandonne pas mon projet d'infiltration dans un commissariat.

Ma décision est prise. Je reste.

CHAPITRE 15

« C'est la cour des miracles ici. » Olivier, un infirmier, lâche cette phrase pour parler d'une patiente fraîchement arrivée. Elle occupe la première chambre, à gauche du couloir. Debout derrière sa porte, à travers la vitre rectangulaire, elle suit les allées et venues des soignants. De là où je suis assis, en salle de repos, je l'aperçois. Je bois mon troisième café de la matinée. D'un coup, la patiente tape avec force sur la porte.

– Bande de nazis ! J'ai rien à faire ici, je dois aller au travail !

Les premières minutes, un soignant allait la voir pour tenter de la calmer. Plus maintenant.

– Toi ! Le fainéant à lunettes qui fait que boire son café et rien foutre !

C'est à moi qu'elle parle ? Je fais comme si de rien n'était. Jérémy, à côté de moi, se poile. Elle cause maintenant en allemand. Je reconnais la langue sans rien y comprendre. Personne ne se soucie d'elle, alors elle se remet au français.

– On m'a promis un repas !

La nourriture arrive, mais elle la trouve « dégueulasse ». Elle jette les couvertures sur le sol, renverse sa salade de betteraves. Les cubes rouges gisent sur le sol, un jus rouge brun s'écoule dans le couloir.

– On n'est pas ici pour faire du dialogue avec les patients, explique un infirmier. Ils sont en crise. Alors on les attache et on les traite. Le dialogue, on verra ça plus tard, à l'hôpital.

– Ça met un peu d'animation ! me sourit Jérémy.

L'infirmier finit par sédater la patiente. Avec mon collègue Jérémy, nous assistons à ce genre de scènes sans agir. Notre rôle est de conduire, juste conduire.

En trois semaines de présence, Jérémy m'a raconté sa vie d'avant. Intérimaire dans une usine sidérurgique du groupe ArcelorMittal, il gagnait 1 800 euros par mois. Mais il voulait être flic, depuis longtemps déjà. En devenant ADS, il est tombé à 1 340 euros net. Hormis les flics en uniforme qui viennent déposer ou chercher un patient, Jérémy reste le seul policier que je côtoie au boulot.

*

Ce matin, nous devons transférer une femme à l'hôpital Bichat, porte de Saint-Ouen, au nord de Paris. La femme ne veut pas quitter sa chambre. Elle refuse de s'habiller. Elle crie. Dans le couloir, un attroupement se forme.

– J'veux pas ! J'veux rester ici !

Deux surveillants la traînent hors de la chambre. Elle sort les pieds vers l'avant. Elle s'accroupit dans le couloir. Un carré châtain impeccable encadre son visage fermé. Son pyjama bleu traîne sur le sol, elle ne veut pas monter dans l'ascenseur.

– Si vous ne venez pas, vous allez vous ramasser par terre ! s'étrangle un surveillant.

Bernard lui prend le col de son pyjama bleu et la fait chuter au sol. Elle s'étale de tout son long. Autour, personne ne dit rien. Elle reste allongée par terre, en larmes, les cheveux dans les yeux et la bouche. Son pyjama s'est entrouvert, laissant apparaître son épaule droite.

D'autres soignants s'empressent d'aller chercher un fauteuil roulant, elle lutte encore, on la force.

Au rez-de-chaussée, elle grimpe dans l'ambulance, encadrée par un infirmier et un surveillant, puis elle s'endort. Jérémy conduit. Pour passer le temps, je l'accompagne. Il souffle.

– Ces gens-là ne servent à rien. T'imagines ? Y a des infirmiers, des gens pour eux et tout, et eux, ils apportent rien, c'est des assistés.

– Ces gens sont malades, dis-je, impassible. Qu'est-ce que tu voudrais en faire ?

– Cartouche.

Certains surveillants et infirmiers partagent son avis. Seul le moyen diffère, la cartouche d'un pistolet ou d'un fusil pour mon collègue, l'ultime piqûre pour d'autres.

La femme ne se réveille que devant la porte de l'hôpital, cinquante minutes plus tard. Elle recommence son manège. Son visage fermé scrute avec intensité l'infirmière.

– Salope ! Toi non plus, j't'aime pas !

Elle jette un œil au vieux surveillant.

– Et toi, là ! Connard ! Tu m'touches pas !

Il faut toute la diplomatie et le calme de l'infirmière pour l'asseoir dans le fauteuil roulant et l'embarquer.

Sur la route du retour, l'infirmier et le surveillant ronflent dans l'ambulance désormais vidée de ses patients.

Jérémy se réveille. Il me parle de son département d'origine, l'Aisne. Un reportage récent sur TF1, dans l'émission *Sept à huit*, y faisait état des fortes consommations de drogues.

– Je connais des types qui étaient à l'école avec moi, que j'connaissais bien, qui sont tombés dans l'héro et les trucs comme ça.

Il baisse un peu la voix.

– J'ai déjà testé l'héro une fois, moi. Mais bon, faut pas le répéter. Quand je faisais du sport, y avait un bon pote à moi, un flic aussi, qui m'disait souvent que les policiers, c'était des délinquants qui avaient bien tourné.

Nous rentrons à l'Infirmerie, il est 20 h 15. Jérémy part plus tôt. Je reste pour les deux derniers transferts. Un arrangement entre nous. Il m'annonce qu'il vient de demander sa mutation. Bientôt, il ira dans un autre service de police et sera remplacé par un nouvel ADS.

Je note, pêle-mêle, des motifs d'admission. Troubles du comportement au domicile, sur la voie publique ou encore à l'aéroport Charles-de-Gaulle. Violences dans le TGV. Menaces sur femme enceinte. Vol de camionnette.

Je referme mon carnet. Je dois me faire violence pour garder mes réflexes journalistiques sur mon nouveau terrain. En vérité, j'ai les yeux rivés sur une autre réalité.

Demain, je dois me lever tôt et rentrer chez mes parents. L'état de santé de mon père s'est dégradé en quelques semaines. Il a désormais besoin d'un appareil respiratoire pour marcher. Le moindre effort devient une souffrance. La chimio prévue n'aura pas lieu, il est trop affaibli. Ses joues se creusent, son moral fléchit. À la maison, nous avons compris.

CHAPITRE 16

Papa est parti un dimanche matin du mois de mars. Dans sa chambre d'hôpital, j'ai touché une dernière fois ses mains. Ses grandes et belles mains brûlantes qui me réchauffaient lorsque j'étais enfant, tandis que les miennes étaient toujours froides. « Bon sang, tu n'as rien dans les veines », me disait il. Alors je venais me blottir contre lui. Il m'accueillait avec douceur et bienveillance.

J'ai pris deux semaines d'arrêt. J'ai vacillé, j'avais besoin d'être seul, loin de l'Infirmerie où je végétais. J'ai prévenu la cadre de santé. À mes collègues, je n'ai rien dit. Trop intime. J'ai préféré garder ça pour moi.

CHAPITRE 17

Ma reprise de ce vrai-faux boulot est éprouvante. Je suis de mauvaise humeur, le cœur encore serré de chagrin. Je tente de me persuader que ce travail routinier m'offre le meilleur sas possible pour traverser la douleur du deuil.

Je végète en attendant ma future affectation. Le temps se dilate. Je sors parfois de mon ennui en notant les délires et les complots dénoncés par les patients.

Un type ralenti par ses médocs nous crie : « Z'êtes pas des hommes. Z'êtes des putes. J'suis sûr qu'avec vos produits, vous m'avez filé le sida. » Un autre jour, c'est le sourire enfantin d'un homme obèse qui me glace le sang, surtout quand il ajoute : « Quand j'étais petit, je griffais ma sœur. » Il griffe toujours, mais aujourd'hui, c'était sa mère. Ou encore ce gamin SDF qui prétend être étudiant à Sciences Po et me confie : « J'allais mal, j'suis allé voir mon médecin, il m'a dit qu'il n'y avait pas de place. Alors, je lui en ai collé une. »

La liste des gens enfermés en eux-mêmes est infinie. Un Turc s'est arraché une dent car sa femme y avait glissé un micro pour l'espionner ; un type schizophrène à l'accent anglais a été interpellé, couteau en main, à la gare de Lyon, et revendique le droit de se « couper un morceau de *Brownie* ».

Deux patients m'ont marqué. Odile d'abord, une habituée des lieux. Quand elle pénètre dans le couloir, un infirmier l'accueille d'un « Salut Odile, ça faisait longtemps ! » Cette femme a 58 ans, elle en paraît dix de plus. Depuis la première de ses cinquante et une admissions en 1986, le diagnostic des médecins reste inchangé. Elle souffrirait d'une « psychose déficitaire ». D'autres praticiens, plus concis, parlent de « débilité mentale ».

Parfois, ils l'hospitalisent, parfois non. Elle est SDF depuis ses 14 ans et vit entre la rue et les hôpitaux psychiatriques. En cinq mois, elle a connu cinq établissements différents. Auxerre, Toulouse et le sud de Paris, notamment. Aujourd'hui, elle a voulu voler un portefeuille dans des vestiaires avant d'être interpellée par la police.

– L'hospitaliser, c'est comme mettre de l'eau dans un panier, ça sert à rien, souffle un infirmier.

Puis il y a eu Bongo, interpellé une nuit pour avoir coursé des gens dans la rue avec un bâton. Il venait de prendre du crack, une semaine après être sorti de taule. En l'apercevant dans le couloir, je suis saisi par sa ressemblance avec Thierry Paulin, le tueur de vieilles dames des années 1980. Bongo a les mêmes cheveux décolorés en blond. Les mêmes incisives écartées.

Le psychiatre de l'Infirmerie a demandé qu'il soit repris par la police. Bongo l'apprend. Alors, il pète un plomb. Paniqué, il tape comme un sourd sur la porte de sa chambre.

– Vous êtes des traîtres !

Devant le psy qui vient prendre la température, Bongo crie encore plus fort.

– Vous ! Vous êtes un traître ! Je vous ai raconté ma vie !

Le médecin engage le dialogue et parle moins fort. Je m'approche et épie la scène, caché dans l'embrasure de la porte. De l'autre côté, quatre surveillants remplissent la chambre. Ils décident de l'attacher.

– Il n'est pas fou, explique le médecin. Il sait juste que c'est le Centre de rétention administrative qui l'attend. Il le sait bien.

Un CRA n'est rien d'autre qu'un sas d'attente, on patiente avant de retourner d'où l'on vient. Autant dire la fin des rêves pour un migrant. Quelques minutes plus tard, trois flics viennent l'embarquer.

Ici, les patients interpellés ne bénéficient ni tout à fait du statut de patient, ni tout à fait du statut de gardé à vue – ils ont théoriquement droit à un avocat, depuis 2009. Dans les faits, en quinze mois de présence ici, je n'ai aperçu aucune robe noire.

Lorsqu'une personne arrive ici, elle rencontre un interne avant d'être systématiquement sédatée[6] et attachée. À moins – le cas est rare – que la personne soit venue d'elle-même. La sédation peut prendre deux formes : un liquide à ingurgiter si le patient est calme ; une injection dans une fesse en cas de rébellion. Lorsque l'interpellé est trop « marbré » (comprendre « zinzin » dans le jargon), on charge la dose du sédatif.

---

6. Anglicisme désignant l'administration d'un calmant.

Vient ensuite la contention : le fait de laisser le patient attaché. Entre le 15 et le 17 juillet 2009, le contrôleur général des lieux de privation de liberté avait inspecté l'Infirmerie de la préfecture de police de Paris et rédigé un rapport. Il y indiquait : « Les motifs de placements sous contention indiqués sur le registre ne sont pas suffisamment explicites dans certains cas. Ils devraient être clairs et précis. » Un euphémisme, car d'après mes observations, la contention des patients est quasi systématique, peu importe le motif de leur présence.

Ce rapport pointait aussi, entre autres choses, l'absence de douches pour les patients, l'absence de sonnettes dans les chambres (ils doivent tambouriner pour appeler les infirmiers), les pyjamas non adaptés à toutes les tailles, l'absence de volets en état de fonctionner dans les chambres…

En 2019, un nouveau rapport du contrôleur général a été remis. Il s'étonnait de nouveau de la « confusion » du statut de l'institution, un établissement psychiatrique confié à une autorité policière.

Les patients que j'ai vus arriver ici étaient tous isolés et souvent précaires. « Ce sont des oubliés des dieux et des hommes », m'a dit un jour une infirmière. Des personnes en crise, des toxicomanes, des SDF, des migrants, presque toujours des gens dans la dèche en provenance des arrondissements parisiens les plus populaires, le 18e, le 19e et le 20e.

Sur mes jours de repos, je suis allé consulter les archives conservées à la Bibliothèque nationale François-Mitterrand au sujet de l'Infirmerie. Une thèse de 1977 à propos de cet établissement indique que les personnes admises restent le plus souvent issues d'« une population à prédominance masculine, jeune, socialement et économiquement très défavorisée, presque toujours en état d'ivresse ou en décompensation psychotique aiguë ayant occasionné un trouble de l'ordre public plus ou moins grave ». Plus loin : « Parmi ces personnes, un tiers sont SDF, un tiers sont des travailleurs immigrés. C'est donc dans un sous-prolétariat de chômeurs, clochards et personnes déplacées, que se recrutent préférentiellement nos patients. »

Quarante ans plus tard, le casting est identique.

*

Durant ces mois passés à attendre ma prochaine affectation, j'ai fini par oublier que j'étais officiellement flic. Ce poste de chauffeur est presque devenu un job alimentaire comme un autre. Dans cette phase de flottement, je me suis séparé de ma copine. J'ai quitté ma coloc pour m'installer seul, dans un studio de 15 m^2, à Vincennes. Comme si je muais pour préparer ma prochaine vie.

À l'intérieur de mon studio, j'ai posé sur le bureau un portrait de mon père, le visage souriant, prêt à lâcher une vanne. Parfois, je lui parle, ça m'aide à aller mieux.

Un matin, enfin, j'ai pu déposer ma demande de mutation. Quelques lignes où j'affirmais vouloir compléter ma formation pour préparer le concours de gardien de la paix. « Le but pour moi est de me familiariser au travail en équipe en commissariat et en Police Secours, et de me perfectionner dans les techniques d'intervention et dans l'apprentissage des procédures. »

J'ai formulé trois vœux : les commissariats d'arrondissement du 19e, du 18e et du 20e, dans cet ordre. Ceux qui ont la réputation d'être les plus sensibles de Paris. Pourquoi le 19e en premier ?

En mars 2016, une affaire de violences policières a secoué ce commissariat et retenu mon attention. La scène se déroule en marge des manifestations contre la loi Travail, au lycée Henri-Bergson, située aux abords du parc des Buttes-Chaumont.

Une vidéo montre un policier mettre un coup de poing à un lycéen. Sous la violence du coup, l'ado de quinze ans chute à terre. Il s'en sort avec une fracture des os du nez et six jours d'ITT. Ces images avaient suscité un énorme émoi, Bernard Cazeneuve alors ministre de l'Intérieur avait qualifié ces images de « choquantes ». Le policier est condamné à huit mois de prison avec sursis, mais le tribunal correctionnel de Paris n'inscrit pas cette condamnation sur son casier judiciaire. Il peut continuer à exercer son métier.

Le même jour, ce 24 mars 2016, un autre policier du 19e arrondissement, après avoir essuyé des jets de projectiles, des œufs notamment, « fait une balayette » à un jeune, puis traîne un autre élève sur une trentaine de mètres en le serrant par le cou. Le 24 mai 2018, deux ans après les faits, il est condamné à quatre mois de prison avec sursis, ainsi que 600 et 700 euros d'amende à deux victimes. Il peut continuer à exercer son métier.

Dans cette affaire, un détail m'a marqué : les collègues des policiers mis en cause ont tous affirmé n'avoir constaté aucun geste violent. Le procureur ayant requis de la prison avec sursis contre le policier auteur du coup de poing qualifiera cette solidarité entre collègues de « volonté de ne rien dire[7] ».

Mon premier vœu a été accepté.

7. Lucas Burel, « Violences sur un lycéen : œuf, farine et "omerta policière" à la barre », *L'Express*, 11 novembre 2016.

CHAPITRE 18

Je rentre mon ventre pour fermer mon pantalon bleu marine. Après quinze mois d'inaction à l'I3P, mon corps affûté post-école s'est alourdi de quelques kilos. Le froc me serre les hanches. Il est 13 h 40, samedi 9 mars 2019. Dans vingt minutes, je prendrai mon poste pour la première fois au commissariat du 19e arrondissement.

Trois jours plus tôt, j'ai été convoqué au commissariat. Nous étions trois nouveaux ADS en compétition, pour une seule place en brigade. Les deux autres postes consistaient soit à gérer le matériel pour les quatre cents personnes du commissariat, soit à rester planté derrière l'accueil d'un service dont j'ai oublié le nom. Deux postes déconnectés du terrain. S'ils m'avaient collé dans ce nouveau placard, j'aurais donné ma démission.

Cette fois, j'ai eu de la chance. Grâce à mon ancienneté, j'ai pu choisir mon poste. À moi la brigade. Les deux autres collègues tiraient la tronche. Dans la foulée de cette ultime sueur froide, nous avons été reçus par la patronne – la commissaire divisionnaire – pour une présentation sommaire de notre nouveau lieu de travail. « Le 19e est le deuxième arrondissement de Paris après le 18e, avec 190 000 habitants, a-t-elle récité sans un sourire, ses lunettes à grosse monture sur le nez. On connaît surtout des problèmes de délinquance, de drogue, de prostitution. Quatre cents personnes travaillent ici. »

J'enfile mon polo bleu ciel. Sur la manche gauche, je scratche l'écusson « Police nationale » et son logo bleu blanc rouge. À droite, j'accroche « Sécurité publique de l'agglomération parisienne » et la devise « Assister, servir, protéger ». Dans le dos, le mot « POLICE » est floqué en lettres noires.

Dans le vestiaire du sous-sol, un casier m'a été attribué. Numéro 488. J'y range mon sac noir et mes vêtements civils. Autour de moi, d'autres flics se changent. Certains terminent leur journée, d'autres la commencent. Personne ne parle. Un flic garde les yeux rivés sur son téléphone portable. J'attache mon ceinturon.

Je monte quelques marches jusqu'au rez-de-chaussée, passe deux portes battantes. Je pénètre dans « le poste », le quartier général des policiers du 19e arrondissement parisien, inaccessible au public. Cette grande pièce fait office de bureau pour les flics.

Le décor est vieillot : boiseries couleur miel, sol blanc décoré d'une couche de crasse. Deux types patientent, menottés à un banc noir. Une quinzaine de flics discutent, dont trois assis derrière un grand comptoir. Je ne connais personne, seul mon uniforme indique – du moins dans mon esprit – « je suis de la maison ».

L'allure des policiers me surprend. La plupart d'entre eux semblent plus jeunes que moi. Trois d'entre eux portent une barbe bien taillée. Les cheveux coupés court, un dégradé sur les tempes et autour des oreilles. Avec mon menton glabre, mes lunettes et mes bras maigres, je détonne. Autant à l'école je faisais illusion, autant ici, je ressemble à un étudiant.

Chacun me dévisage en silence. J'improvise un regard circonspect, un regard de petit flic contractuel au milieu de vrais policiers baraqués.

– Je voudrais récupérer mon arme, dis-je au flic assis derrière le comptoir. Je fais comment ?

J'obtiens une réponse sèche :

– Tu prends les clés du coffre où y a ton pétard.

Derrière deux lourdes portes blanches, je trouve la mallette de mon arme, rangée au milieu des autres. À l'intérieur, mon Sig Sauer et ses deux chargeurs.

Je pars mettre mon arme en service dans une petite pièce insonorisée. Depuis tout ce temps, j'avais oublié les règles de sécurité, alors la veille, j'ai visionné un tuto sur YouTube. Je me concentre : je veux éviter de passer pour un boulet.

Je vérifie qu'aucune balle n'est restée dans le canon en orientant l'arme vers le bac à sable prévu à cet effet, replace la culasse dans un « clac-clac », puis enclenche un chargeur et chambre une cartouche pour que l'arme soit prête à l'emploi. Je glisse les neuf cents grammes dans mon ceinturon et range un deuxième chargeur dans ma poche droite.

– Gros, t'oublies pas de signer, me lance le flic à qui j'ai emprunté les clés du coffre. C'est quoi ton matricule ?

– 299 145.

Il pianote les chiffres sur le clavier de son ordinateur.

– C'est bon, tu peux signer.

– Ça sert à quoi ? je demande.
– C'est pour dire que tu as sorti ton pétard du coffre. Faudra que tu fasses pareil ce soir, à la fin de ton service.

Je débute à « la permanence » : posté avec un autre flic à l'extérieur du commissariat, derrière de simples barrières métalliques, nous devons inspecter les sacs des visiteurs et les interroger sur la raison de leur venue. Devant la porte, je retrouve mon collègue. Il s'appelle Radha. Il a les yeux perçants, un physique sec et musclé, les cheveux presque rasés à blanc.
– T'es arrivé quand ? me questionne-t-il en tirant sur sa clope, nerveux.
– C'est mon premier jour.

Il ne relance pas. À son grade – une simple barre oblique – je note qu'il est gardien de la paix stagiaire. Un nouveau flic qui sera titularisé au bout d'un an de service.

Dans la rue Erik-Satie, des passants vont et viennent, des gamins jouent dans une cour d'école. C'est calme. Je porte un gilet pare-balles spécial, « un gilet lourd », garni de plaques de céramique permettant d'arrêter des balles de fusil d'assaut. L'attirail me donne l'impression d'être exposé.

Je prends conscience que je suis une cible potentielle. Ces dernières années, des terroristes ont visé des flics à plusieurs reprises – deux d'entre eux ont par exemple été tués à Magnanville[8], en 2016. Une vieille femme s'avance vers nous et chasse cette pensée :

– Bonjour messieurs, mon mari m'a dit jeudi dernier « Je vais te tuer. » Il est malade, souvent de mauvaise humeur, mais je veux quand même le signaler au commissariat.

Radha lui répond que les faits sont un peu trop anciens. « La police ne peut rien faire. » J'interviens pour tenter d'en savoir plus.

– Il vous a déjà frappée ? Parce que…

– Si ça se reproduit, me coupe Radha, revenez !

La femme repart aussitôt sans déposer de main courante.

Pour avoir suivi le module de trois heures sur les violences conjugales, je sais à quel point la formation des flics est légère à ce sujet. Radha vient de renvoyer chez elle une femme menacée de mort par son mari ! J'essaie de me calmer pour ma première heure de boulot.

---

8. Le 13 juin 2016, Jean-Baptiste Salvaing, un commandant de police au commissariat des Mureaux et sa compagne, Jessica Schneider, agent administratif au commissariat voisin de Mantes-la-Jolie, ont été tués à coups de couteau à leur domicile de Magnanville par le djihadiste Larossi Abballa. Ce dernier a été abattu lors de l'assaut des forces de l'ordre.

Le 13 février 2020, le ministère de l'Intérieur publie un audit intitulé « Accueil des femmes victimes de violences conjugales dans les commissariats et les gendarmeries ». Les résultats ont des airs de résultat d'élection dans un pays non démocratique : 90 % des victimes de violences sexuelles et sexistes auraient jugé « satisfaisant » leur accueil dans les commissariats et les gendarmeries, 90 % prétendraient n'avoir pas eu de difficulté pour faire enregistrer leur plainte et 76 % ont estimé satisfaisants les délais de prise en charge.

Les données de cet audit ont fait réagir la députée du Val-de-Marne Albane Gaillot, peu soupçonnable de partialité – elle appartient à La République en marche, parti au pouvoir. Le 18 février 2020, Albane Gaillot écrit au ministre de l'Intérieur Christophe Castaner : « La réaction des associations qui accompagnent les femmes victimes de violences est unanime : ces chiffres – aussi réjouissants soient-ils – ne correspondent pas à la réalité qu'elles observent tous les jours sur le terrain. L'appel à témoignages lancé par Le Groupe F[9] en mars 2019 – qui a recensé

9. Agence non gouvernementale de lutte contre les violences sexistes et sexuelles lancée par Caroline de Haas.

quelque 500 témoignages concernant la quasi-totalité des départements – fait plutôt état d'une mauvaise prise en charge pour 91 % des cas. Refus de prendre la plainte, banalisation des violences, etc. […] Je m'interroge sur les conditions de réalisation de cet audit alors que l'ensemble des personnes que nous avons consultées dans le cadre du Grenelle des violences conjugales nous disent l'urgence de travailler à cette question spécifique de l'accueil des victimes en commissariats et gendarmeries. »

– Tu viens juste d'arriver ! mon collègue me recadre. Pour le moment tu regardes juste comment ça se passe. Tu observes.

D'autres personnes défilent : un homme souhaite déposer plainte pour un vol de portable, Radha inspecte sa sacoche avant de le laisser entrer. Une femme vient signaler que des gamins font du rallye à scooter devant chez elle, elle grogne, peste contre l'inaction de la police. Un homme cherche sa mère atteinte d'Alzheimer, disparue depuis deux heures. Un avocat vient préparer la défense de son client placé en garde à vue.

Entre deux visiteurs, mon collègue et moi n'échangeons presque rien. Radha me demande ce que je faisais avant, je lui parle de l'Infirmerie psychiatrique. Ça ne l'intéresse pas. Le gilet pare-balles me pèse.

Notre première heure de planton touche à sa fin, il est 15 heures et deux autres flics nous relayent. Nous reprendrons ce poste dans une heure, et ainsi de suite jusqu'à la fin de journée. Une heure dehors, une autre dedans.

J'observe mon collègue marcher jusqu'au garage du commissariat pour aller fumer sa clope.

– Y aura les consignes à faire tout à l'heure, me prévient-il.

– C'est quoi ?

– Je t'expliquerai !

De retour au poste, je prends place derrière le comptoir. J'apprends qu'on n'utilise pas ce mot, on parle de « bat-flanc ». Derrière moi, une porte débouche sur le couloir des cellules de garde à vue, de dégrisement et de fouille. Sur un tableau blanc posé en hauteur, les noms des personnes placées en garde à vue sont inscrits en lettres bleues. Ils sont répartis dans cinq cellules différentes. En face du bat-flanc, une série de portes débouchent sur des salles de rédaction avec des ordinateurs, et deux salles de stockage de matériel et d'armes. Une dernière porte battante aboutit au hall d'accueil du commissariat, le lieu où le public peut venir déposer une plainte, faire une demande de procuration ou autre. La hiérarchie, elle, a ses bureaux dans les étages supérieurs.

Je comprends assez vite que le travail de ce côté du bat-flanc consiste à attendre que l'heure tourne. À côté de moi, un flic à la barbe poivre et sel et aux cheveux en brosse joue en silence sur son téléphone.

– Bullit ! lui lance un flic de passage.

Bullit ? Comme le film avec Steve McQueen ? Bizarre comme surnom.

– Quoi ? Qu'est-ce qui y a ? répond-il en hurlant.

– C'est toi le chef de poste ?

Le chef de poste, m'a expliqué Radha un peu plus tôt, endosse toute responsabilité en cas de problème, si un souci avec un gardé à vue survient, ou si un objet récupéré après une fouille disparaît par exemple. Il enregistre aussi les personnes se présentant au poste pour un contrôle judiciaire.

– Bien sûr que c'est moi ! Tu veux mettre qui d'autre ? Y a que des tocards, ici !

Bullit éclate de rire. Il est nerveux, comme monté sur ressort. Sur son uniforme, trois barrettes blanches signifient « sous-brigadier » ou gardien de la paix au plus haut échelon. « Un sous-baloche » dans le jargon appris à l'école.

Un gardé à vue se met à cogner sur la porte de sa geôle, Bullit s'agace.

– Il peut pas fermer sa gueule? Ils font chier, putain!

L'autre continue de frapper sur le montant vitré. Bullit se lève, marche en direction du couloir de cellules d'où émanent des effluves de pisse et de moiteur. Je le suis. Le flic déverrouille la porte d'une cellule, tire l'homme par les cheveux jusqu'à la salle de fouille.

– Tu vas fermer ta gueule! lance-t-il au gardé à vue.

Bullit lui envoie une première baffe dans le visage, puis une autre, plus forte encore. Mon ventre se noue. J'observe la scène sans rien dire. Le collègue ramène l'homme dans sa cellule. Le calme revient. Le sous-baloche se rassoit sur sa chaise. L'épisode ne fait réagir aucun de mes collègues. Est-ce si anodin, de frapper un détenu? Mon regard de novice achoppe sur cette scène. Dans mon monde, ces deux baffes représentent une violence rare. Ici, elles ne font lever la tête de personne.

De retour à l'entrée du commissariat, Radha et moi accueillons une femme de la Croix-Rouge accompagnée d'un mineur étranger.

– Il a 15 ans et vient de Guinée, expose-t-elle. Vous pourriez lui trouver une place en foyer?

– C'est un peu tôt, commente Radha. Il faut attendre le début de soirée pour savoir s'il reste des places.

Les deux entrent dans le poste, s'installent sur deux sièges métalliques et attendent. Je demande à Radha de m'expliquer en quoi consistent « les consignes ».

– Les consignes, c'est quand on fait le décompte de toutes les voitures, les vélos ou les scooters volés qu'on a en stock et que personne n'est venu récupérer. Faut le faire une fois par jour quand on est à la permanence, au moment où on est à l'intérieur. D'ailleurs, on doit aussi vider les poubelles à la fin de la journée.

Radha précise que les consignes font partie des « servitudes », toutes les choses à faire quand on n'est pas sur le terrain. En tant qu'ADS, je serai amené à faire plus de servitudes – donc moins de terrain – que les gardiens de la paix.

*

22 heures. Fin de ma première journée. Le jeune homme en quête d'une place en foyer patiente toujours sur sa chaise. Son accompagnatrice est partie.

– Merde, je l'ai oublié! commente Bullit après avoir terminé de remplir un formulaire concernant le vol d'une Mercedes.

Je signe le registre indiquant que je rends mon arme puis la dépose dans l'armoire. Dans les vestiaires, je quitte ma tenue de flic. J'ai passé la journée à observer, tenter de comprendre le fonctionnement des lieux, mémoriser les prénoms en associant chaque collègue à un détail qui le caractérise: Bullit-l'excité, Radha-la-porte-de-prison…

Et puis il y a cette somme de sigles qu'ils égrènent phrase après phrase « VPN », « AVP », « CJ », « STP », comme une langue parallèle. Il va falloir que je crée un glossaire pour m'y retrouver. Je me sens lessivé, je n'ai pourtant pas fait grand-chose de ma journée. Qu'est-ce que ce sera quand je sortirai en patrouille?

CHAPITRE 19

Garde-à-vous. Les mains raidies le long du corps, les pieds collés l'un à l'autre, je reste impassible. 6 h 30. Deux gradés – des brigadiers-chefs – entrent dans la salle d'appel. Ils annoncent à voix haute les consignes et les équipages du jour, devant une dizaine de flics. Ce rituel matinal dure cinq minutes. Quand un policier est appelé par son nom, il doit répondre « Reçu. » Dans les rangs, nous restons tous figés, alignés sur trois colonnes.

Ce mardi sera mon premier jour de patrouille – mon quatrième jour au commissariat.

Sur place, j'apprends que je serai dans la patrouille Alpha. Nous circulerons dans un car de flics avec cinq autres collègues : Sylvain – alias Bison, notre chef de bord –, Loïc, Toto, un mec à l'accent du Nord surnommé Tacos et une fille que je n'ai jamais vue. Sur la trentaine de flics que compte ma brigade appelée la J3, nous sommes rarement plus de vingt en poste en même temps. Et sur ces vingt, seule une poignée est venue se présenter spontanément à moi. Résultat : pour le moment, la plupart des collègues de ma brigade restent des inconnus. Idem pour ceux des deux autres brigades de jour, la J2 et la J1, et de celle de nuit.

Les deux brigadiers-chefs qui distribuent les missions s'assurent que mon arrivée se passe bien en prenant régulièrement de mes nouvelles.

Dans le véhicule, nous entassons des plots, des gilets lourds – des gilets pare-balles renforcés – et deux boucliers. Puis nous partons patrouiller dans les rues de la capitale. À l'arrière, Tacos joue sur son téléphone, sélectionne quelques filles qui l'intéressent sur une application de rencontres, lâche un « bon » puis range son téléphone. Direction la place Stalingrad, « Stalincrack » pour les intimes, haut-lieu de la toxicomanie parisienne. N'ayant jamais vécu à Paris avant mon passage à l'I3P, je ne connais cet endroit que de réputation.

Nous descendons du véhicule, notre équipage se scinde en deux – je comprendrai plus tard qu'il s'agit d'une technique pour coincer les dealers « en tenaille ». Je suis mes collègues sur un petit pont, ils enfilent leurs gants noirs, nous marchons vite. Je tente de me laisser gagner par leur excitation, mais en vérité, je flippe.

En approchant l'une des buttes qui borde la place Stalingrad, nous apercevons quelques silhouettes dans le jour naissant. Des spectres, des zombies défoncés au crack, un dérivé de la cocaïne vendu vingt à trente euros le caillou.

– Regarde, lui, là-bas, c'est un modou, il est mieux habillé que les autres.

Un modou ? C'est quoi ce truc ? Le « Tacos » à l'accent du Nord me désigne un type noir et obèse en pantalon multipoches. Nous nous avançons vers lui et l'abordons.

– Qu'est-ce que tu fais ici, si tôt ? le questionne Tacos.

– Moi aller travail, répond l'autre.

– Ouais, c'est ça, prends-moi pour un con.

Je m'étonne de l'aplomb de mon collègue. Pour lui, ce type trafique, c'est sûr. J'essaye de deviner à quoi il repère ça.

Mon collègue se met à le fouiller. Le dealer présumé n'a pas de crack sur lui. En revanche, le suspect possède deux téléphones – un smartphone récent et une antiquité à clapet. Dans une autre poche, environ cinquante euros en pièces de un et deux euros.

– Je sais que t'es un modou, menace le flic. Là, je peux pas t'coffrer, ce sera pour la prochaine fois.

J'assiste à la scène en retrait. Quelques heures plus tard, une recherche en ligne me permettra de comprendre qu'un modou – « petit négociant » en wolof – est un dealer de crack. Je serais bien incapable de reconnaître du crack si j'en trouvais dans une poche.

Le type repart d'un pas nonchalant. Autour de nous, il ne reste plus qu'une poignée de toxicos en errance.

– Allez, faut partir maintenant, on veut pas vous voir ici, invective Tacos.

De l'autre côté de la place, les trois autres flics reviennent vers nous. Aucune interpellation à noter, ils ont juste dispersé trois crackeux. Les tox en question ont déposé leurs carcasses décharnées, leurs joues émaciées et leurs guenilles trop grandes un peu plus loin. Ils semblent guetter notre départ, abrités sous les arcades bordant la place.

Nous remontons tous les six dans le « TC », l'indicatif radio donné au fourgon de police, « T parce que ça commence toujours comme ça un indicatif radio, m'informe Tacos, C comme camion. » Je suis installé à l'arrière, sur un siège en skaï noir éventré.

À côté de moi, Tacos a rouvert l'application Tinder pour mater de nouveaux profils.

Nous avançons dans les rues encore silencieuses de l'arrondissement. À 7 heures un mardi matin, c'est calme.

En patrouille, nous sommes tous équipés d'une radio que nous connectons sur le canal 38[10], la fréquence policière de l'arrondissement. Nous les allumons à tour de rôle, pour ne pas épuiser nos batteries. Seul le chef de bord la laisse allumée en permanence pour pouvoir être appelé à tout moment. À l'autre bout de la radio, « TN19 », la station directrice, peut à tout moment envoyer les patrouilles sur des missions à effectuer.

TN19, le centre névralgique du commissariat, émet ses directives depuis un bureau du deuxième étage du bâtiment. Trois flics en uniforme y surveillent en temps réel les rues de l'arrondissement sur quatre écrans plats. Ils peuvent jongler entre toutes les caméras de vidéosurveillance installées dans la ville et scruter les moindres visages ou voitures. De ce bureau, les trois flics reçoivent aussi des appels téléphoniques. Ensuite, ils peuvent décider d'envoyer une patrouille sur place.

---

10. Le chiffre a été modifié.

Pour le moment, faute de mission, nous errons dans l'arrondissement. Tacos reluque « une dernière paire de seins » avant de ranger son téléphone. Les boucliers et les plots de chantier orange et blanc roulent jusqu'à nos pieds. Le TC est un tas de ferraille équipé d'un moteur qui fonctionne encore.

– Bon, et on parle un peu des collègues du 36 ? tente Tacos.

L'avant-veille, un ADS a tué par accident une gardienne de la paix dans le nouveau siège de la police judiciaire, rue du Bastion, porte de Clichy. Ils s'amusaient à dégainer leurs armes de service quand l'ADS a tiré une balle dans la tête de sa collègue.

– Avec des histoires comme ça, ils vont nous les retirer, les pétards. Mais ce jour-là, ça va être le bordel, prophétise Tacos. Les mecs, ils savent bien qu'on peut pas trop se servir de nos pétards. Mais au moins, ça reste dissuasif. S'ils nous les enlèvent, je te raconte pas le nombre de vols à main armée qu'on aura !

Nous débarquons aux abords du canal où des migrants dorment au sol, sous des cartons, à l'abri du vent.

– PS Alpha de TN19.

PS Alpha, le nom de notre patrouille. La station directrice TN19 a donc une mission pour nous.

– Transmettez, répond Bison.
– C'est pour des violences conjugales. La voisine de palier a entendu des cris. Si vous pouvez aller voir… L'appartement se trouve au 36, rue Barbanègre[11], au troisième étage. Le code d'accès, c'est 1234.
– C'est bien pris. On se rend sur place.

Une fois arrivés dans l'immeuble, nous toquons à la porte de l'appartement d'où provenaient les cris. Une femme nous ouvre et nous explique que son ex a caché son portable, qu'il est là avec elle, qu'il est jaloux parce qu'elle voit d'autres hommes, qu'il vient de passer la nuit chez elle. Nous entrons et quatre de mes collègues s'approchent de l'homme pour l'encadrer. Il nous regarde d'un air mauvais.

Le type se laisse fouiller sans broncher pendant que la femme l'insulte. Penaud et impressionné, je reste planqué derrière Tacos. Je ne risque rien. Solide et imposant, mon collègue pourra intervenir, si besoin. Mes collègues ne retrouvent pas de téléphone portable sur l'homme ni dans ses affaires. Tacos pose quelques questions à la femme et comprend qu'elle seule a son nom sur le bail de l'appartement. Il transmet l'information à Bison.

---

11. L'adresse a été modifiée.

– Bon, monsieur, comme votre nom ne figure pas sur le bail, on va vous demander de quitter les lieux, indique notre chef de bord.

Le type prend un sac de vêtements et descend les trois étages de l'immeuble avec nous. Le fourgon redémarre.

– TN19 de PS Alpha, dit Bison.

– Transmettez.

– Pour le 36, rue Barbanègre, il n'y a pas eu de violences entre l'homme et la femme. Comme le bail est au nom de Madame, on a invité l'homme à quitter les lieux. Ce sera sans suite pour nous.

– C'est bien noté, merci PS Alpha.

Bison repose la radio et se retourne vers nous.

– Vous avez faim ? On fait une pause ?

– Ouais, si tu veux, répond Tacos.

– TN19 de la PS Alpha.

– Transmettez.

– Oui, avec votre autorisation, ce serait pour une pause Whisky Charlie.

Le chef de bord a demandé une pause « WC ». Il utilise l'alphabet international, un langage radio employé dans la police, chez les pompiers ou dans la gendarmerie. Il sert le plus souvent à donner une plaque d'immatriculation ou une identité sur les ondes radio. En école, nous devions apprendre les lettres par cœur. Alpha,

Bravo, Charlie, Delta, Echo… Je me récite l'alphabet dans la tête. Arrivé à la lettre O, je bloque. C'est quoi déjà ? Oscar ? Je ne sais plus, j'ai oublié.

– OK, ça marche, répond un flic du Central TN19, l'autre nom de notre commissariat.

Le chauffeur gare le fourgon dans le garage. Il est 8 heures. Bison sort sa cigarette électronique. Je dégaine mon paquet de clopes et un briquet.

Le chef de bord est du genre bavard. La quarantaine, un mètre soixante-dix, les cheveux ras et grisonnant, il est lui aussi sous-brigadier. Derrière son physique de gringalet se cache un type nerveux. Bison n'a jamais voulu devenir « bricard », c'est-à-dire brigadier, le premier échelon des gradés.

– Ça m'intéresse pas. Moi, je suis policier pour faire chier ceux qui emmerdent les autres. Moi, les lois, je m'en branle. Ceux qui trafiquent aussi. Par contre, tu casses les couilles à des gens, là tu vas me trouver sur ta route.

Bison occupe ce titre honorifique de chef de brigade. Parmi les gardiens de la paix, il est le plus ancien. Pendant sa pause clope, il débat avec un autre flic sur une des dernières cigarettes électroniques mises sur le marché.

– C'est toi le nouveau ? Il me lâche un sourire. Moi, c'est Diego, mais tout le monde m'appelle Mano.
J'apprendrai plus tard que ce surnom fait référence au but marqué de la main par le footballeur Diego Maradona. En espagnol, main se dit *mano*.
– Salut. Valentin.
– Tu comptes passer le concours ?

Avant d'arriver au commissariat, j'avais anticipé une telle question. Rester quinze mois chez les fous sans passer le concours pouvait sembler étrange : personne n'a envie de s'enfermer dans le statut d'ADS.
– Pas tout de suite, je voulais faire de la brigade, bouffer du terrain avant de le tenter.
– Tu verras, tu vas beaucoup apprendre ici, me rassure-t-il avant de tirer sur sa clope en plastique.

Un nuage de fumée blanche s'écrase sur le plafond du garage.
– Bon, et vous avez fait la GE pour Monsieur et Madame ? demande Bison, à la criée.
– Ah non, merde. Je m'en occupe, répond un autre.

« GE » pour « gestion des événements », c'est-à-dire consigner le déroulement des missions de la journée. J'accompagne Tacos dans une salle de rédaction. Sur un ordinateur, il ouvre le logiciel de la main courante informatisée – la MCI – et rédige un texte court et formel – « deux mots trois lignes » – pour résumer les faits.

Quarante-cinq minutes plus tard, alors que nous vadrouillons de nouveau dans la ville, TN19 nous demande de retourner au 36, rue Barbanègre. Cette fois-ci, la femme nous accueille seule. Elle raconte : l'homme est entré dans l'immeuble, il a fracturé sa porte d'entrée, puis il l'a frappée. Elle veut porter plainte au commissariat. Nous descendons avec elle et fouillons les alentours. Nous ne mettrons pas la main sur l'agresseur.

Dans le véhicule, la femme s'installe à côté de moi, à l'arrière du fourgon. Tacos lui conseille de changer les serrures de sa porte d'entrée et d'aller se réfugier chez quelqu'un de sa famille.

– TN19 de la PS Alpha, dit Bison.

– Transmettez.

– Oui, on ramène la victime au commissariat pour déposer plainte.

Rue Erik-Satie, la femme descend du véhicule et va patienter sur un des bancs métalliques de l'accueil pour déposer plainte. Nous repartons en patrouille.

– Putain, ils font chier avec leurs africaneries, souffle Tacos entre ses dents.

CHAPITRE 20

Je glisse ma clé orange dans la machine, récupère mon jus de chaussette. Aujourd'hui, je vais sur le terrain avec la patrouille dite ZSP pour « Zone de sécurité prioritaire ». À l'origine, la patrouille ZSP du 19e a été mise en place, en 2012, pour lutter contre le trafic de crack et les vols avec violence dans le secteur allant de Stalingrad à la rue Riquet. Mais désormais, la patrouille ZSP peut être appelée pour n'importe quelle mission dans n'importe quel quartier de l'arrondissement. Notre chauffeur s'appelle Xavier. Bison est notre chef de bord. Je me sens écrasé avec ce gilet pare-balles collé au corps. Je retrouve Bison et Mano dans le garage.

– Steph' m'a demandé de faire des contrôles, explique Bison à son collègue. On va aller faire quelques TA dans une rue à bâtards.

Je commence à comprendre que le mot « bâtard » désigne généralement un mec jeune, plutôt noir ou arabe. Parfois, il est aussi migrant.

– Steph', c'est un des brigadiers-chefs. Et les TA, c'est des « timbres-amendes », précise Mano en réponse à mon froncement de sourcils. Des contraventions, quoi.

Il m'explique que le cas le plus courant consiste à relever la plaque d'un véhicule stationné en double file ou sur une place de livraison, avant d'envoyer la contravention *via* un logiciel spécial police.

– Si tu fais ce que le chef te demande, tu pourras avoir plus facilement ce dont t'as besoin. Un jour de congé exceptionnel par exemple, détaille Bison.

J'ignorais que les flics pouvaient mettre des prunes. Je croyais ce domaine réservé aux agents municipaux. Les pervenches, qu'on appelle aujourd'hui les ASVP, sigle d'Agent de surveillance de la voie publique.

Dans le poste, Bullit semble tout excité, il marche vite et braille.

– On va chasser ! Le sang appelle le sang !

– Ils foutent la pression pour qu'on mette plus de TA ? je demande.

– T'as un compteur. Les chefs peuvent savoir

combien chacun en a mis chaque mois. Mais t'es pas payé plus cher ! Sinon, je passerais mon temps à en mettre ! Mais quand même, ils nous demandent de faire du chiffre. Des « mad », des TA...

Mad, pour « mise à disposition », l'équivalent d'une interpellation. J'ai même entendu des collègues utiliser le verbe « mader ». Bison embraye :

– Ils nous emmerdent avec leurs chiffres. Moi, je suis un flic à l'ancienne. Maintenant, quand on attrape des petits mecs, il faut les ramener. Sauf qu'après, ils vont aller se vanter d'avoir fait une garde à vue auprès des autres. Moi, c'que j'fais, c'est de foutre des baffes à des gamins quand on trouve quelque chose sur eux. Une baffe devant les copains, c'est pas la même.

Bison me raconte qu'avant d'être flic en Police Secours, il a bossé à la police municipale à Pontoise, en banlieue parisienne, puis dans d'autres services de la police nationale. Tour à tour flic à vélo, en brigade, dans d'autres services encore, il a la bougeotte. Il change souvent de service, il ne sait pas vraiment ce qu'il veut.

– À Pontoise ou à Paris, on allait dans les parkings et on demandait aux gens de nous ouvrir les halls d'immeubles, et puis on défonçait la

gueule des gars quoi, se vante-t-il.
– Mais tu les interpellais pas ?
– Non. Bah non. Faut pas ramener au Central si tu défonces la gueule. Le mec, il va voir un médecin, tu l'as dans le cul. Au 19, rue de Meaux[12], par exemple, on les massacrait, tu vois. Maintenant, c'est l'inverse, ils n'ont pas peur. Avant, j'peux te jurer qu'ils flippaient leur race.

J'essaie de suivre la logique : défoncer des gars hors procédure pour les terroriser. Il sort son téléphone de sa poche et me montre une vidéo.
– Ça, c'est la fois où j'ai tiré sur un bâtard qui me fonçait dessus.

Sur les images, je vois un type rouler sans casque sur un scooter et charger mon collègue. Et j'entends une détonation. Bison n'a tiré qu'une fois, suffisant pour blesser le pilote du deux-roues. Sur la fin de la vidéo, le scooter est à terre, l'homme roule au sol. J'écarquille les yeux. Bison raconte la suite. Les blessures sérieuses du jeune homme, ses convocations à l'IGPN[13], la police des polices. Il a dû s'expliquer à plusieurs reprises sur l'usage de son arme ce jour-là. L'IGPN a conclu qu'il avait bien agi en état de légitime défense.

---

12. L'adresse a été modifiée.

13. Inspection générale de la police nationale.

– C'était quand ça ? je lui demande.
– En 2008.

Comment se fait-il que, plus de dix ans après les faits, Bison ait toujours cette vidéo dans son téléphone et qu'il la montre comme s'il s'agissait des premiers pas de son enfant ? Il reprend.
– Si t'es pas capable de réagir ou de t'friter la gueule à n'importe quel moment, c'est même pas la peine, poursuit mon collègue.

Je ne suis pas capable de « m'friter la gueule », moi. La dernière fois que je me suis battu, j'ai juste pris des coups. C'était il y a cinq ans. Bourré, j'étais monté sur le toit d'une voiture en sortant d'un bar de nuit. Là, trois types m'ont éclaté la tronche avant de me voler mon portefeuille et mon portable. Fin de l'histoire.

Je me garde bien de raconter cet exploit à Bison. Et encore moins de lui avouer que depuis ce jour-là, dès que ça sent l'embrouille, je détale comme un lapin.

CHAPITRE 21

« Faut qu'j'aille aux toilettes ! » lance un gardé à vue.

– J'arrive.

Je retourne vers le bat-flanc et récupère le trousseau de clés pour accompagner le gardé à vue. Aujourd'hui, je suis l'assistant de Xavier au poste de garde-détenus. Xavier ne parle pas, le nez plongé dans la paperasse. Xavier est un ancien militaire, je ne sais rien d'autre de lui.

L'interpellé, un type assez calme attend en C2, la deuxième cellule. Dans le couloir, les semelles de mes Rangers claquent sur le sol. Une forte odeur de pisse afflue jusqu'à mes narines.

Je tourne la grosse clé dorée dans la serrure, défais les deux loquets de la porte en métal. Outre le type qui veut aller pisser, la cellule de huit mètres carrés accueille aussi cinq mineurs encore endormis. Trois d'entre eux se partagent deux matelas de fortune et des couvertures orange. Faute de place, les deux autres restent recroquevillés sur le banc en béton.

– Les chiottes, c'est au fond à droite, j'indique à l'homme d'une voix assurée.

Le rez-de-chaussée compte trois cellules pour les gardes à vue, d'une capacité de six personnes chacune, plus deux autres cellules pour les dégrisements.

Le type revient des toilettes et se tourne vers moi :

– Il est quelle heure ?

– Sept heures cinq.

– Les p'tits-dej', c'est à quelle heure ?

– Je sais pas, je vais voir.

Il rentre dans sa cellule, je referme les deux loquets de la porte derrière lui.

– Xav', c'est à quelle heure les petits-dej' ?

– Quand ils seront tous réveillés, vers 8 h 30, 9 heures, normalement.

– Et la bouffe, elle est où ?

– T'as des briques de jus et des paquets de gâteaux dans le local des fouilles, dans l'armoire du fond.

Il continue de remplir ses feuilles, je retourne m'asseoir derrière le bat-flanc, et fixe l'écran qui retransmet les images des caméras de surveillance des cellules. Des formes inertes en blanc sur un fond noir indiquent que tout le monde dort. C'est calme. Même Bullit, chef de poste du jour, garde le silence.

Une patrouille de flics doit récupérer un véhicule dans un garage qui n'ouvrira ses portes qu'à 8 heures. En attendant, certains boivent des cafés en notre compagnie, d'autres se bidonnent en matant du porno autour du bat-flanc.

Plus loin, assis sur une chaise, un flic à la barbe brune de hipster cherche un nouvel appartement sur Internet. Il vient de se séparer de sa copine. Il ne veut pas vivre à Paris, évoque les villes du 93 et du 94. Les autres lui soufflent des endroits dont je n'ai jamais entendu parler, des lieux très éloignés de la capitale.

– Viens dans mon bled, Ludo, lance une policière en lui adressant un sourire. Tu verras, c'est trop bien, y a que des vieux !

Dans les cellules, les gardés à vue se réveillent. C'est le début de l'agitation. Certains veulent aller aux toilettes. D'autres veulent manger. Je m'active et enchaîne les allers et retours entre les portes des cellules et les chiottes. Xavier distribue les petits-dej'. Mes tâches de gardien de cellules ressemblent à celles d'un hôtelier, ou plutôt d'un moniteur de colo.

– Tiens, tu viens me filer un coup de main, on va leur enlever les matelas, me dit Xavier.

Nous arpentons le couloir tous les deux, les yeux braqués sur les trois cellules.

– Allez, vous me sortez les matelas et les couvertures, lâche mon collègue.

Certains se mettent à gueuler.

– Hier, ils nous les ont laissés, m'sieur, oh, soyez sympa !

– Hier, c'était hier. C'est les consignes, à 9 heures, on les enlève.

– On n'est pas des chiens, on va pas dormir par terre.

– Vous allez vous serrer sur le banc. Et si vous vouliez un matelas, un vrai lit, fallait pas faire de conneries.

Ils protestent. Dans la première cellule, un gardé à vue reste allongé sur sa paillasse rose. Il ne veut pas la rendre. Alors Xavier tire dessus, traînant le type sur quelques mètres jusqu'à le sortir de la cellule. Le gardé à vue se lève, menaçant. Xavier enserre son cou, le maîtrise d'une clé de bras et le coince contre le mur. Dans un réflexe de panique, je referme la cellule avec le pied pour éviter que les autres gardés à vue ne tentent un coup.

D'autres flics déboulent en courant, Bullit en tête. Il chope le type et l'emmène dans le local des fouilles. Le gardé à vue ne joue plus au malin, Bullit dégaine sa matraque télescopique. Il le regarde droit dans les yeux, avec aplomb, prêt à le cogner.

– C'est bon ? T'as compris ? J'veux pas t'entendre. Tu fermes ta gueule.

L'homme acquiesce. Bullit le ramène dans sa cellule avant de gueuler dans le couloir d'une voix tonitruante.

– Les matelas, on vous les enlève parce que c'est pas l'hôtel ici !

Dans les cellules, plus personne ne moufte. Xavier et moi reprenons notre poste, un flic en civil vient nous voir.

– Faudrait sortir trois mineurs, y a le proc' qui va les recevoir par visioconférence. Faut aussi m'accompagner au troisième. Mesure de sécu rité. Un flic avec trois types libres dans les étages, ce n'est pas assez.

Je m'en charge. À l'étage, nous attendons le procureur. Les trois mineurs discutent entre eux, ce sont des ados de 15 ou 16 ans. L'un d'eux se tourne vers moi, un petit sourire sous ses mèches blondes décolorées.

– M'sieur, pourquoi vous faites ce métier ?

Je ne réponds pas, les deux autres pouffent de rire. L'un d'eux laisse apparaître un appareil dentaire. Le faux blond continue de faire l'intéressant devant ses potes.

– M'sieur, est-ce que vous avez morflé quand vous étiez en primaire ?

Les deux autres explosent.

– Wallah, arrête de lui parler frère, conseille l'un d'eux.

Je ne réponds toujours pas. Le flic en civil nous fait entrer dans la pièce, énervé. Nous attendons le proc' depuis au moins vingt minutes.

– Vous allez faire vos pleureuses ? Vous allez dire que les policiers, ils ont été méchants avec vous, c'est ça ? s'agace le flic en civil.

– Moi, ils m'ont frappé. Je pourrais porter plainte, ose le premier.

– Quand ils m'ont coursé, ils m'ont appelé Bamboula, rétorque un autre. J'suis choqué.

Je sors de la pièce et patiente. Au bout de vingt minutes, les trois gosses ressortent de la salle. Le procureur a décidé de les déférer. Une patrouille va donc les conduire au tribunal de Paris pour une comparution immédiate. Ils continuent de rire et ne semblent pas inquiets. Ils retournent dans leur cellule.

J'en profite pour jeter un œil à leurs affaires consignées dans une armoire métallique fermée à double tour. Dans les sacs, je retrouve des classeurs, des cours. L'un est au collège, les deux autres en seconde.

Les cellules se vident peu à peu. Mais une patrouille arrive, elle vient de « mader ». Un mineur algérien s'est fait choper pour avoir volé le téléphone portable d'une maman qui marchait dans la rue avec ses deux enfants. Avec ses grosses mains, Toto le menotte sur le banc. Quand Bullit apprend le motif de l'interpellation, il se lève d'un bond et se rue sur lui.

– Y en a plein le cul des mecs comme toi !

Il lui envoie une grande baffe. Le mineur, les yeux hagards, se frotte la joue.

– Les mecs comme toi, ils devraient tous crever ! lâche Bullit avant de le frapper une seconde fois, devant les autres flics. Comme les fois précédentes, personne ne bronche.

– De toute manière, reprend le chef de poste, il sera dehors demain, ça finit toujours comme ça ! Y en a, ils peuvent venir vingt fois par mois, ils auront jamais rien. C'est des victimes de la société ces gens-là.

CHAPITRE 22

Ce matin, pendant l'appel, j'observe les visages juvéniles de mes collègues. Quatre flics métis, deux Noirs, deux Arabes. Tous les autres, des Blancs comme moi. À l'école de police, tous les ADS de ma section étaient blancs. Ici, nous formons une écrasante majorité.

Au fond de la salle, un flic débarque sur la pointe des pieds. Juste à l'heure. Un type svelte. Je l'ai déjà repéré quelques jours plus tôt. Son espèce de force tranquille en impose, j'ai très envie de l'approcher. Sauf que pour le moment, je n'y arrive pas. Il reste en retrait, ne se montre pas très bavard.

Il s'appelle Stan. Il m'a parlé une fois, alors que je bossais comme garde-détenus avec Xavier. Avec sa patrouille, il ramenait alors une gamine

victime de violences familiales. Stan insistait pour qu'on lui donne à manger. Le même petit-déj' que les types en garde à vue. Deux gâteaux secs, une brique de jus d'orange.
– Au moins, elle aura mangé, avait-il dit en me regardant avec ses yeux de hibou, deux sphères trop grandes pour son visage fin.

Une fois l'appel terminé, j'enlève aussitôt ma casquette et la glisse dans une poche.

J'observe Stan. Il ne salue pas tous ses collègues. Visage fermé et grave, cheveux courts, une raie dessinée sur le côté gauche. Je m'approche de lui, lui tends la main.
– Salut, ça va ?

Il me serre la pince, me répond à peine et s'éloigne.

CHAPITRE 23

Ce papy d'environ 70 ans gît dans son lit, mort. Il n'a pas eu le temps de s'allonger, ni d'enfiler sa chaussette gauche. Son cœur a cessé de battre et il est resté assis, tout habillé, la tête posée contre la boiserie du lit. J'observe la scène, planté sur le seuil de la chambre. L'homme a gardé la bouche et les yeux grands ouverts. Benjamin, Fanny, Ludo-barbe-brune et moi venons d'arriver sur les lieux.

L'homme vivait seul. Son aide à domicile a donné l'alerte après avoir trouvé la porte verrouillée de l'intérieur. Les pompiers ont fracturé la porte-fenêtre du salon pour entrer, avant de découvrir le corps sans vie et de nous contacter. Notre intervention s'appelle un « Delta Charlie Delta ». En alphabet international, ça fait « DCD ».

Dans l'appartement propre et rangé, deux chats se cachent derrière les rideaux de la chambre. Benjamin, le chef de bord, parle sur les ondes.

– … Décédé sur son lit. Assis. L'individu, âge apparent, 70 ans environ, probablement des problèmes de santé. Y a des médicaments à côté du canapé. J'ai pas encore le détail des médicaments.

Le premier réflexe est d'identifier le défunt. On fouille. Devant le canapé, je trouve sa pièce d'identité, je la transmets à Benjamin.

– J'ai dit 70 ans, c'est bien, il en a 71. En tout cas, il aime la bouffe. Porc, choucroute, tripes, faux-filet, jambon, croque-monsieur, ficelle, purée, reprend le chef de bord, qui venait de jeter un coup d'œil dans la cuisine.

Nous restons quelques minutes devant le corps sans vie du vieil homme. On le regarde. Et on commente.

– Il tient bien hein, il est solide sur les jambes, ironise Sabrina.

– Ses doigts commencent à noircir un peu, reprend Ludo.

– Mais si ça fait une semaine qu'ils ont pas eu de nouvelles, déjà ils s'inquiètent pas trop dans la famille.

Fanny se demande si les chats auraient commencé à manger le macchabée si la mort n'avait pas été découverte suffisamment tôt. Chacun y va de son expérience glauque. Un noyé, un pendu, un autre mort dans ses chiottes.

Benjamin vient de tomber sur des documents médicaux, il repasse sur les ondes.

– Il avait une obésité de grade trois, une embolie pulmonaire, une décompensation cardiaque et une crise de goutte.

– Il fallait qu'il y passe. Au bout d'un moment, ça va, ça coûtait trop de sous à l'Administration, blague Ludo.

L'OPJ – l'officier de police judiciaire – débarque une heure après notre arrivée. Il prend quelques photos du cadavre puis établit un croquis et une description du corps. Aucun doute ne plane. Mort naturelle. C'est banal.

Nous poireautons deux heures supplémentaires. Vers 18 h 30, trois types des pompes funèbres viennent récupérer le corps. Costauds, ils soulèvent et enfoncent la dépouille de l'homme dans un grand sac.

– J'te cache pas que c'est moins palpitant que dans *Les Experts* ou *NCIS*, conclut Benjamin.

CHAPITRE 24

Aujourd'hui, je conduis pour la première fois un véhicule de patrouille. J'ai beau avoir mon permis depuis plus de dix ans, je stresse. Peur du regard que mes collègues vont porter sur ma maîtrise, de rater un créneau ou, pire, d'avoir un accident.

Je suis le chauffeur du major, le plus haut gradé de notre brigade. Il s'appelle Serge Pommier, mais tout le monde l'appelle « le major ». À 49 ans, Serge vit avec des maux de dos récurrents. Il se traîne plus qu'il n'avance, le ceinturon toujours de travers. Flic dans le 19e depuis vingt-cinq ans, il se décrit comme un célibataire endurci. « Aucune femme ne voudrait de moi, je suis trop têtu », dit-il souvent.

Les pompiers ont défoncé la porte d'un appartement pour secourir une femme et la transporter à l'hôpital. Il faut donc envoyer un équipage, le nôtre, pour rester dans le logement qui ne ferme plus à clé et attendre l'arrivée d'un serrurier.

Je gare la Golf électrique rue d'Aubervilliers. Je reste dans la caisse pour éviter que quelqu'un l'abîme.

Le major a laissé sa paperasse sur le tableau de bord. Je jette un œil sur ces documents, histoire de tuer le temps. Des amendes préremplies pour des ventes à la sauvette. La spécialité du major. Sur les formulaires, je lis : « La vente à la sauvette est le fait, sans autorisation ou déclaration régulière, d'offrir, de mettre en vente ou d'exposer en vue de la vente des biens ou d'exercer toute autre profession dans les lieux publics en violation des dispositions réglementaires sur la police de ces lieux. » L'article 51 de la loi de mars 2011 précise aussi que ce genre de vente est puni de six mois d'emprisonnement et de 3750 euros d'amende. « Les personnes physiques coupables des délits encourent également les peines complémentaires suivantes. La confiscation et la destruction de la chose qui a servi ou était destinée à commettre l'infraction. »

Une fois la mission serrurier bloquée, l'équipe me rejoint dans le véhicule. Objectif sauvettes. Le major sait où trouver ce genre de vendeurs disséminés un peu partout dans le 19e. Autour des marchés de Belleville et de Joinville, rue Curial, rue Mathis, ou encore à l'arrêt du tram Porte de la Villette, où il me demande de faire un premier arrêt.

Une minute à peine après être sorti de la Golf, il en aligne un premier.

– Alim, j't'ai déjà dit de partir. Toi, la prochaine fois, j't'embarque, dit le major à un Bengali, un de ses « clients » réguliers, vendeur de cacahuètes grillées avant de lui confisquer ses sacs et le plat en acier servant à faire cuire les arachides. Ludo-barbe-brune embarque le tout.

– C'est quand même super gênant de faire ça devant les gens, lâche Ludo, un brin désabusé.

– Si je fais ça, rétorque le major, c'est pour lutter contre les trafics souterrains.

Nous remontons à bord de la voiture. Je roule quelques secondes à peine, le temps de changer de rue, et déjà le major me demande de freiner. Cette fois, il part seul et verbalise un Indien vendeur de fruits et légumes. Ludo l'accompagne, au cas où. Il ne faut jamais laisser un flic seul sur la voie publique.

Dans les cageots, des clémentines, des melons, des bananes. Quatre caisses au total qui remplissent désormais notre coffre.

– Franchement, ces gens, ils font rien de mal, dis-je au major.

– T'as pas compris. Les gens qui vont sur les marchés, ils payent leur place. Eux, ils payent pas les taxes de marché, ils payent pas d'impôts, et ils touchent le chômage. Donc les marchands qui se lèvent tous les jours à quatre heures du mat' pour faire tourner la boutique, ils en ont un peu ras-le-bol d'avoir ce genre de concurrence.

J'acquiesce d'un hochement de tête.

– C'est pour ça qu'on le fait sinon on le ferait pas. Et en plus, évidemment, ils ont pas de titres de séjour !

Nous rentrons au commissariat pour vider notre chargement. Théoriquement, nous devons détruire la marchandise saisie. Dans les faits, les fruits et légumes sont souvent posés sur les grandes poubelles, dans le garage, à la disposition des flics. Certains se servent, d'autres font la moue, en mode « on sait pas où ça a traîné avant ». Parfois, nous récupérons aussi des paquets de cigarettes. À la fin du mois, lorsque mes comptes sont à sec, je gratte un ou deux paquets de clopes contrefaites. C'est interdit, mais ça reste gratuit. D'autres collègues, dans le rouge, fument aussi ces clopes au goût immonde.

Où est passé le major ? Personne ne sait, alors on poireaute devant la porte du poste. Un flic stagiaire de permanence interroge Ludo :
– Vous avez fait quoi, ce matin ?

Ludo simule une réflexion profonde, puis lâche :
– Alors… On a fait des sauvettes… À un moment on a fait des sauvettes, et puis je pense qu'après on fera encore des sauvettes.

Ludo rit en faisant tourner son tonfa[14] dans les airs.

Le major réapparaît, le polo mal rentré dans le pantalon.
– J'étais sur Vétipol. Quelle galère de commander des fringues.

Si je résume, nous avons poireauté devant le Central pendant que le major s'achetait des chaussettes sur le site dédié à l'habillement des policiers.

Nous repartons, et il semble bien que le major soit décidé à continuer les sauvettes. Dix minutes plus tard, nous accrochons un autre Bengali. Il vend de la menthe en marge d'un marché. Le major lui demande de présenter son autorisation de vente. Le migrant n'en a pas sur lui. Lors

14. Matraque avec poignée latérale dont sont équipés certains policiers.

du contrôle, le major découvre que le Bengali est répertorié dans un fichier des délinquants sexuels, le Fijais[15]. Comme l'indique le site officiel de l'administration française, il « recense les personnes majeures ou mineures condamnées » dans ce type d'affaire. Le Bengali est convoqué une fois par an à la suite de sa condamnation.

– T'as dû en faire de belles, hein, vieux pervers ! lui lance le major.

Le Bengali ne répond pas, même s'il semble comprendre. Le major le verbalise puis se tourne vers moi.

– Tu m'embarques les cageots.

Je m'exécute et engouffre dans le coffre les quatre cageots de feuilles de menthe. Le Bengali repart avec sa prune en poche. Je redémarre.

– C'est un sans-papiers, lui ? je demande.

– Oui. Mais il n'est pas expulsable. Tous ceux qui ont une instruction judiciaire en cours ne sont pas expulsables.

– Pour l'histoire d'agression sexuelle ?

– Ouais. Si ça se trouve, il faisait partie d'un réseau de proxénétisme. Ils sont capables de tout, ces petits bâtards.

---

15. Fichier judiciaire automatisé des auteurs d'infractions sexuelles ou violentes.

– Voilà, ça fait une mad en plus, dit le major, dans un rictus de satisfaction.

La voilà, la justification de ces sauvettes à la chaîne. Ça fait des interpellations. Chaque contravention distribuée à ces vendeurs ambulants compte pour un bâton supplémentaire dans les chiffres de la brigade.

– Major, on fait combien de mad par mois ? je l'interroge.

– Je sais pas, ça dépend. En tout, on doit pas être loin des 75.

– Ça marche comment, y a un chiffre minimum à faire ?

– Bah, faut pas être trop bas. Après non, y a pas…

– Mais du coup, y a quand même une concurrence avec les autres brigades ?

– Ah bah oui.

– Et par rapport aux autres brigades du commissariat du coup, on est derrière ?

– Non. On est devant.

CHAPITRE 25

Devant la porte entrouverte de mon casier, je me change, prêt à me glisser dans une vie anonyme. Je lance mon polo dans le fond du casier. En à peine trois mois, j'ai réussi à y mettre un bordel monstre, un amas de fringues en boule. Je prends plus de précaution pour ranger mon gilet pare-balles et l'accroche sur un cintre. Sur la droite, à quelques casiers seulement, Loïc piétine autour de son ceinturon et de ses pompes.

– Ce matin, on n'a rien fait. Y a que l'Alpha qui a madé.

– Ouais, j'ai entendu ça sur les ondes. C'était quoi déjà ?

– Dans une voiture, ils ont contrôlé des gars, ils avaient un sabre, un long machin. Ils avaient aussi un couteau, un pied de biche, une cagoule, une housse de gilet lourd. Du bon bâtard quoi !

Les bâtards en question ont été interpellés. Une mad de plus.

– Nous, on n'a rien fait, je précise. À part deux trois clodos et des tox, y avait rien.

Mes collègues trouvent ce genre d'interventions ingrates. Je commence moi aussi à les trouver pénibles, sans grand intérêt, des tâches destinées à une « petite police ». Les flics n'ont pas signé pour ces corvées, préférant les missions fournies en adrénaline : courir après des fuyards ou procéder à des contrôles routiers. Et si possible, interpeller.

– Ça fait longtemps que tu taffes ici ? je questionne mon collègue.

– Non, quelques mois, je suis que stagiaire.

J'oubliais son grade, un simple bâton qu'il porte sur son uniforme, signe qu'il n'est pas titulaire. Il s'agit d'un « Bitos » ou une « monosardine », comme les surnomment les anciens. Au bout d'une année de service, il pourra porter un second bâton, celui de gardien de la paix titulaire.

– Tu faisais quoi avant ?

– Je bossais chez Sephora, me répond-il.

– La boutique de parfum ?

– Ouais, c'est ça. J'en avais marre de ce taf', je voulais passer le concours depuis longtemps.

Je sors du commissariat, enfile mon casque et allume la musique. *La nuit je mens*, de Bashung, s'enclenche. Depuis la station Ourcq, ligne 5, il me faut environ quarante-cinq minutes pour rentrer chez moi. Mon périple dans le métro parisien se termine à l'arrêt Château de Vincennes. Sept minutes de marche me séparent alors du supermarché. Dans les rayons du Franprix, je remplis mon panier rouge de tout ce que la gastronomie française compte de junk food. Knacki, cordons bleus, chips, Coca, fraises Tagada pour le dessert. J'ai prévu d'arroser le tout de clopes et de café.

Il est 15 h 30 lorsque je tourne la clé dans la serrure de mon appartement. Je m'assois sur mon fauteuil en skaï. Chaque infiltration est une épreuve d'endurance. La route est encore longue. Si je veux tenir six mois, il m'en reste quatre à tirer.

Pour le moment, mes seuls contacts avec mes collègues se limitent aux heures de boulot. J'ai du mal à m'adapter à leur univers. Lors de mes immersions précédentes, les discussions sur le foot me permettaient toujours de m'intégrer.

Mais ici, les mecs ne s'intéressent pas franchement aux matchs, « c'est un sport de tapettes, ils font du cinéma au moindre contact », m'a répondu Diego-Mano quand j'ai lancé le sujet. Alors je rame encore pour discuter avec eux, ils parlent de *Walking Dead*, je n'ai jamais regardé cette série. Ils discutent de bagnoles, je n'y connais rien.

Pendant que je réchauffe au micro-ondes ces Knacki que je compte tremper dans la moutarde, je mate le calendrier fixé au-dessus de mon bureau avec un morceau de Patafix. J'ai coché mes jours en flic et ceux de repos. Pour le moment, je n'ai pas prévu de congés, par peur d'être absent un jour où il fallait être là. Les flics parisiens en Police Secours travaillent en quatre-deux. Quatre jours de travail pour deux de repos. Ils appellent ça un cycle. Un du matin, un autre d'après-midi. Et ainsi de suite.

Au moment d'engloutir mes cordons bleus, je regarde des vidéos de foot. J'ai envie de rien foutre. D'aller faire la sieste. Il faut pourtant consacrer deux heures à ma prise de notes quotidienne.

Derrière l'écran de mon ordi, je baille puis rembobine le fil de ma matinée. Les SDF foutus dehors, un différend entre voisin pour une histoire de bruit. Bison qui nous a emmenés dans un sex-shop fétichiste pour s'inscrire à un concert organisé par le tenancier. Pendant que je déambulais en uniforme au milieu des fouets, des tenues en latex et des godes, il discutait avec le patron.

Puis Bison a insisté pour aller chercher des sandwichs dans une boulangerie à l'autre bout de Paris. Le chauffeur a actionné les gyrophares et roulé à tombeaux ouverts, slalomant entre les autres véhicules. Eux s'efforçaient de dégager le passage, sans doute convaincus qu'il s'agissait d'une intervention urgente. Nous avons brûlé des feux et roulé sur des trottoirs pour des sandwichs au pâté. Je termine ma prise de notes. Vers 22 heures, je m'endors comme une masse.

L'alarme de mon téléphone se déclenche à 4 h 25. Je grogne dans mon oreiller. Je descends de la mezzanine. La douche n'efface pas mes cernes. Je suis épuisé.

CHAPITRE 26

« Un cambriolage en cours, dans une station Total, au 152, boulevard de la Villette. Trois individus cagoulés à l'intérieur », entend-on à la radio.

Un cambriolage à quelques rues d'ici ! Le major met en route les gyrophares. J'accélère comme un damné. Je serre le volant de la Golf électrique, monte à plus de cent vingt kilomètres heure en plein Paris, grille des feux rouges, ralentis à peine au franchissement des passages piétons, slalome entre les voitures. Je me mets la pression. Si je veux faire plus de terrain, étant donné mes piètres talents d'homme d'action, je dois trouver un moyen de me rendre utile autrement. Être un bon chauffeur, par exemple.

À côté de moi, le major récupère des feuilles qui menacent de voler dans la caisse, la faute à un virage trop serré. J'ai failli emplafonner une Mondéo. C'est pas passé loin. À l'arrière, mes deux collègues s'accrochent aux poignées de plafond. L'adrénaline d'une « inter' », une intervention.

– Allez barre-toi, putain, lâche Ludo, énervé parce qu'une voiture traîne pour nous laisser passer.

La station Total apparaît sur la droite. Je me gare à l'arrache, entre la chaussée et les places de stationnement.

– J'espère qu'ils sont armés, dit Ludo, visiblement excité à l'idée d'en découdre.

Mon collègue gonflé aux prot' et au lever de fonte quitte la bagnole en courant et dégaine son pétard. Jusqu'à la porte d'entrée de la station service, il maintient quelques mètres d'avance sur une flic. Le major, lui, claudique plus qu'il ne marche. Ce genre d'affaire ne le passionne pas, il préfère les sauvettes.

Je reste derrière. J'ai envie de fuir. Et si les trois lascars d'en face défouraillent ? Pas d'autre choix que de riposter. Je pose la main gauche sur mon arme, je cours mollement. Je suis bien obligé de suivre mais je ne me précipite pas. Je ne vais pas me prendre une bastos dans le buffet pour un bouquin. Ludo arrive devant les vitres de l'entrée. L'enseigne est fermée à clé.

– Laisse tomber, y a personne dedans, peste Ludo. Ils ont juste tapé les vitres. Regardez, major, y a des éclats.
– Ils ont fait ça avec quoi ? demande ma collègue. Des tonfas ?
– Plutôt des bâtons, je pense, reprend le major.
– TN19 du major, sur place, boulevard de la Villette, dit le major. Des individus ont essayé d'entrer mais sans y parvenir. Y a personne dans la station. On quitte les lieux.

Je déclenche l'ouverture centralisée de la Golf.

CHAPITRE 27

« Toto, on joue au foot sur le prochain cycle ou pas ? » demande un collègue dans les vestiaires.

– J'en sais rien.

Au foot ? Des collègues jouent au foot, ce « sport de tapettes » ? Je me glisse dans la conversation.

– Moi, j'suis chaud.

– Ah ouais, tu joues ? C'est bon ça. J'vais te rajouter sur le groupe WhatsApp alors. Et sur celui de la brigade aussi, tiens. C'est quoi ton numéro ?

CHAPITRE 28

Un flic envoie une vidéo YouTube sur le groupe WhatsApp de la brigade. Le titre : « 1er Mai : un CRS filmé en train de jeter un pavé ».

> **Tacos** : Je ne vois pas où il y a un souci, il y a proportionnalité :) :) :) :)[16]
> **Bullit** : Exactement !!!! Mais bon le collègue a pété un plomb là mdr
> **Un autre collègue** : Montrons plutôt le travail propre des collègues que les médias qui cherchent des images de bavure.
> **Toto** : Ils faisaient moins les malins ces putins d'arnachos de merde !! Quans les chiens sont lâchés ça rigole plus :)

16. Le contenu des conversations Whatsapp est retranscrit tel quel.

Tacos : :) :) + un smiley qui bave

Un autre collègue envoie le lien vers un article du journal *Le Parisien*, titré « Un policier a-t-il introduit sa matraque dans le pantalon d'un manifestant ? L'IGPN saisie ».

Tacos : Pfff. Avec ces questions à la con

Vargo : On avait dit pas dans le pantalon.

Tacos : J'ai rien vu j'avais le dos tourné désolé je ne peux pas vous aider dans l'enquête

Vargo : L'enquête elle est vite faite le collège essaye de passer sa télésco dans la ceinture pour porter le mec et l'extraire c'est tout... enquête terminée sans suite

Tacos : Tranquille

Bullit : putain c ouf ce pays de mongolien

Tacos : Oui

Bullit : les commentaires derriere ca me rend fou. Bande de pd va

Vargo : Oui c'est un truc de malade... Faudrait vraiment leur montrer ce que serait une semaine sans police à Paris.

CHAPITRE 29

Pour la première fois, je bosse avec Stan, assis à côté de moi, au poste de garde-détenus. Il n'est que 8 h 15. Pour être tranquille et avoir le temps de discuter avec lui, je veux distribuer les petits-déj' de bonne heure.

– On a le temps pour ça ! lâche mon collègue. C'est des bâtards, ils peuvent attendre.

Bon. C'est lui qui décide. Stan s'octroie une collation, des légumes cuits à l'eau et un smoothie. Il ne boit pas, ne fume pas. J'ai vu une paire de gants de boxe dans son casier. Je n'aimerais pas me retrouver face à lui sur un ring.

Dans le poste désert, alors que roupillent les neufs gardés à vue du jour, il s'intéresse à moi :

– Ça va ? T'arrives à t'adapter ?

– Oui, oui, j'affiche un sourire gêné. Toi, ça fait longtemps que tu bosses ici ?

– Deux ans et demi. Avant, j'étais ADS. J'ai eu du bol, je me suis retrouvé en CSI[17]. J'en ai vraiment chié au début, mais j'ai fait des inter vraiment solides, tu vois. Quand je suis arrivé ici, en brigade, avec que des gens qui sont partis maintenant, on bossait vraiment. Là, c'est devenu de la merde.
– Pourquoi ?
– Bah parce que y en a trop qui veulent rien foutre.

Stan soupire.
– Moi, j'fais pas de différences entre vous, les ADS et les gardiens. Mais pour les ADS de notre brigade, c'est pas d'bol. Servitude sur servitude.

Il énumère les compétences d'un flic que l'on surnomme « Prof », un type qui s'exprime bien et m'a donné l'impression d'être fin psychologue.
– C'est un bon policier, mais pas pour la brigade. Par contre, il a de la culture, il connaît bien les procédures.

Il passe d'autres flics au crible. Stan n'est pas tendre. Une minorité d'entre eux trouve grâce à ses yeux. « Quand il va partir en retraite, il y a

17. Compagnie de sécurisation et d'intervention. Cette brigade est chargée du renfort dans les contextes de violences urbaines.

deux solutions, lance-t-il au sujet d'un autre collègue. Soit il se tire une balle, soit il va venir nous faire chier tous les jours. »

Dans les cellules des gardés à vue, un type se met à hurler :

– Laissez votre âme s'exprimer ! Libérez-vous ! C'est une réalisation. C'est bon le suicide ! Je suis policier, je dois me suicider. C'est ma finalité. C'est bon le suicide !

– Moi, j'ai un bac pro, reprend Stan, j'ai commencé à taffer en manutention chez Leclerc, c'est mon grand-père qui m'a fait entrer là-dedans.

Puis il m'explique avoir aussi été embauché chez un paysagiste.

– Il m'a d'abord pris à l'essai. Quatre mois après, comme je faisais le taf, j'ai eu un CDI.

Stan, seul Parisien de la brigade, a grandi dans la capitale. Il restera sans doute longtemps ici, d'autant que l'agglomération concentre la plus grande partie des postes de policiers.

– Libérez-vous ! C'est bon le suicide ! braille encore l'autre.

– Il est là pour quoi ? je demande à Stan.

– Apologie de terrorisme, je crois, répond mon collègue. Mais on peut rien faire, il est pas d'chez nous.

Comprendre : il a été interpellé par des flics d'un autre arrondissement. Dans leur commissariat, les cellules pleines à craquer les ont contraints à nous ramener cet énergumène.

– Suicide-toi ! C'est bon de se suicider. Le suicide libère. Répète après moi. C'est un aboutissement pour vous. Votre finalité c'est le suicide, messieurs les policiers. C'est bon le suicide !

Ce type me rend fou, mais Stan reprend sans sourciller.

– Avant, j'étais pas police du tout, je les aimais pas.

Un enquêteur en civil nous interrompt pour récupérer le gardé à vue trop bavard. Stan lui remet les clés des cellules. Un Arabe de taille moyenne aux tempes dégarnies sort de la geôle. Il doit avoir une trentaine d'années maximum. Mon collègue le dévisage.

– Franchement, je suis déçu. Je m'attendais à une machine de guerre.

Le gardé à vue prophète de notre suicide ne dit plus rien. Il reste penaud devant le regard plein de défiance qu'il vient de se prendre.

– Devenir flic, ça commençait à m'trotter dans la tête, raconte Stan. Et puis j'ai vu une pub qui disait que la police recrutait.

Alors il a passé le concours d'ADS, puis celui de gardien. Avec deux ans et demi de présence dans le 19e, il ferait presque partie des anciens de la brigade. Mais il aimerait bosser ailleurs.

– Là, je suis au bout, j'en ai marre vraiment. Ici, j'ai rien à prouver. Je sais ce que je vaux. Maintenant, j'espère aller au GSQ.

Le GSQ, Groupe de soutien des quartiers, ces types baraqués en combinaison bleue. Le niveau au-dessus du simple flic de brigade. Pas de servitudes, juste des interventions avec adrénaline garantie. Ils sont notamment sollicités pour les cas de violences urbaines – les « VU » dans le jargon –, des rixes entre bandes rivales par exemple. Moi, à côté, je me sens petit flic de rien du tout.

Dans les cellules des gardés à vue poireautent deux gamins d'une vingtaine d'années interpellés la veille dans une manif de Gilets jaunes. Ils sont accusés d'appartenir aux Black blocs. Mes collègues, ravis d'avoir interpellé des Black blocs, ont ensuite halluciné en découvrant que les deux jeunes hommes étaient des cadets de la République – un statut proche de celui d'ADS. Des flics devenus casseurs, ça la fout mal.

Revenu d'une intervention, Bullit se charge de leur cas. Il en prend un en aparté dans le local de fouille.

– C'est toi, le Black bloc ?

L'autre parle à voix basse, intimidé. La grosse voix de Bullit tonne.

– Mais nous aussi on en a plein le cul. Nous aussi, Macron, il nous fait chier. Mais tu crois vraiment que c'est la solution de vouloir tout casser ? De voler ? Tu aimerais qu'on vienne voler chez toi ? Tu crois que c'est une solution de tout casser, tout péter ?

Après de longues minutes d'échanges, Bullit ressort.

– Encore un fils de bourges. Il veut faire chier ses parents. Il est dérangé l'gamin, j'te jure. Il m'dit que ça lui plaît de tout casser.

Il est prévu dans la matinée que ce jeune homme aille à l'hôpital. Il est atteint de la maladie de Wilson, une affectation génétique rare due à une accumulation de cuivre dans l'organisme.

– Faut pas qu'il tombe sur des Gitans, commente un collègue.

Tout le monde se marre. Sauf Stan, qui n'a pas l'air de partager les préjugés de ses collègues sur les gens du voyage voleurs de métaux. Ou alors il est juste trop absorbé par le jeu de baston qu'il vient de télécharger sur son téléphone. Stan m'en a donné le nom, je l'ai déjà oublié. Il s'ennuie, comme moi.

À 14 heures, je regagne les vestiaires. Depuis une semaine, nous nous changeons dans le noir à cause d'un néon déglingué et toujours pas réparé. Mon collègue Toto s'énerve.

– Y a des commissariats pourris mais alors celui-là… j'te jure, lâche-t-il. T'étais en quoi, gros ?

– Au garde-détenus avec Stan.

Il fait la moue.

– Lui, il se prend pour un dingue, alors que ça fait pas longtemps qu'il est là. Il est arrogant.

– Genre ?

– Il se fait passer pour le grand chasseur de la brigade. Un chasseur, c'est un flic qui sent les coups, qui a le flair. Lui, il contrôle beaucoup, mais c'est tout. Moi aussi, je peux contrôler dix-huit fois et à la fin, je vais tomber sur quelque chose.

CHAPITRE 30

Bullit : Vous avez vu dans le Parisien ? Le proc de paris veut se faire du policier

Benjamin : Non c'est pas ce qu'il a dit. Pas que ça en tout cas

Vargo : Il y'a un côté politique c'est pour calmer les gilets jaunes aussi.

Bullit : dc quoi ???? bien sur que si il veut se farcir du collègue. T'as craqué ou quoi ? Y'a des collègues qui vont prendre pour rien a cause de ce fils de pute et pour calmer ces pd de gilets jaunes

Bullit envoie une capture d'écran de l'article en question. « Quelles décisions seront prises sur les autres dossiers ? » demande le journaliste. Bullit a entouré la réponse du procureur. « Toutes les procédures vont être analysées avec beaucoup d'attention. Il y aura des classements sans suite.

Il y aura aussi des renvois de policiers devant le tribunal correctionnel d'ici la fin de l'année. »

> **Bullit :** pour moi ca se dit pas ca. Donc c est prévu à l avance qu'il va y avoir des sanctions ???? pd de procédurier.
> **Benjamin :** Non il dit aussi qu'il y aura des classements sans suites.
> **Bullit :** super. Heureusement. Mais déjà laissé faire l'IGPN et après il ouvrira sa grande gueule. Pd va.
> **Vargo :** Mais il y aura aussi des exemples
> **Bullit :** je le redit ya des collègues qui vont prendre pour rien tout ca pour la politique. Bref j'arrête sinon je vais encore me vénèr
> **Vargo :** Par contre Je ne comprends pas pourquoi les collègues prennent encore des grenades et des LBD[18] après ça
> **Bullit :** lol

18. « Lanceur de balle de défense », une arme non létale controversée pour la gravité des blessures qu'elle occasionne.

CHAPITRE 31

« TV Sierra de TN19. »

– Transmettez, répond Sabrina, cheffe de bord de notre patrouille Sierra pour la journée.

– Oui, c'est pour un tapage au 12, rue Compans[19]. Je répète, au 12, rue Compans, il y aurait des jeunes qui ont mis de la musique. Si vous pouvez aller voir…

– C'est bien pris TN.

Au volant d'une Renault Mégane, Xavier change de direction. Il emprunte une artère perpendiculaire au canal de l'Ourcq. Assis à l'arrière à côté de moi, Mano enfile ses gants.

C'est la première fois que je passe ici, dans cette rue étroite bordée de bâtiments gris.

---

19. L'adresse a été modifiée.

Rue Compans. Sur place, en plein après-midi, six ados de 15 ou 16 ans écoutent de la musique. Ils semblent glander devant la porte d'entrée d'un hall d'immeuble, entassés sous un préau bétonné. L'un d'eux tient à la main une enceinte noire, elle émet du rap autotuné. Un voisin a appelé pour se plaindre du volume sonore.

– Bonjour, vous savez pourquoi on vient ? leur demande Mano alors que nous venons à peine de descendre de la voiture.

Les ados lui répondent par un air de défiance silencieux.

– La musique... Y a des voisins qui se sont plaints du bruit, donc vous me coupez le son tout de suite.

Les gamins s'exécutent, Mano se met à les contrôler. Il mène lui-même l'interrogatoire et surveille le déroulement des opérations. Les ados obéissent et s'alignent le long du mur gris. Une intervention de routine.

Seule Sabrina reste en retrait : une policière (ou un policier) n'a pas le droit de palper des personnes du sexe opposé. J'effectue une palpation sur le gamin qui tient l'enceinte. D'une voix à la fois calme et autoritaire, j'égrène les ordres.

– Vide-moi tes poches ! Enlève ton bonnet et retourne-le !

Il fait ce que je lui demande sans me regarder ni me parler.
– C'est quoi ton nom ?
– Konaté, me répond-il, impassible.
– T'as quel âge ?
– Seize.

Je pose mes mains sur ses hanches avant de les remonter vers ses côtes jusqu'aux épaules. Je touche le bas de son dos, ses bras, ses cuisses, descends aux chevilles. Le contrôle est négatif, il n'a rien sur lui. Pas de shit dans les poches, pas de pièce d'identité non plus. Même chose pour les cinq autres.

Une mission pour rien, une de plus. Depuis le début de l'après-midi, nous les enchaînons. La première pour un différend entre voisins à propos d'une histoire de prêt de matériel, puis un enchaînement de contrôles de véhicules et d'individus plus ou moins suspects aux yeux de mes collègues. Chaque contrôle aboutit à un « RAS », ou plutôt « rass », comme prononce ma collègue Sabrina sur les ondes police. Cette intervention pour tapage n'échappe pas à notre série de missions inutiles.

Je range mes gants dans la poche de mon pantalon, prêt à remonter à l'arrière de la voiture.

Mano reste devant les gamins. Il les jauge.

– Y en a marre de venir pour des trucs comme ça ! Vous croyez qu'on n'a que ça à faire ? Vous commencez à nous faire chier, lâche-t-il, énervé.

Il garde le visage fermé, jouant son rôle de flic déterminé à faire la leçon. Le policier adulte face à des ados inconscients.

Mais sa tentative d'intimidation ne fonctionne pas. Les six gamins ne semblent pas impressionnés par nos quatre uniformes. Ils restent là, à nous fixer. « On n'a rien fait », lâche Konaté, celui que je viens de contrôler.

Mano se plante devant lui.

– T'as dit quoi ? J'ai pas entendu, se tend le flic.

Il lui tapote la joue.

– Ça va, m'touche pas, Wallah ! Tu crois t'es qui, toi ? répond le jeune homme.

Avec Xavier, nous bouchons les quelques mètres qui nous séparaient des ados. Mon collègue se rapproche du premier ado, Mano se campe devant l'autre, celui au bonnet. Moi, je reste en retrait et observe la scène, d'un regard que j'espère dur et froid. Une position qui me va bien, pourvu que ça ne dérape pas.

– Viens, Wallah, j'te prends en un contre un, provoque Konaté.

Mano le frappe. Une baffe cinglante sur la joue droite du gamin. Mon collègue vient de déraper.

– En plus, t'as pas de force, t'es pas un homme, renchérit le gamin.

Les cinq autres ados ne bronchent pas.

Mano gifle à nouveau le gosse, et l'insulte :

– Fils de pute ! lâche le policier.

– Vas-y, ferme ta gueule, wesh, riposte le gamin.

– Arrête, arrête, ferme ta bouche, lui conseille l'un de ses potes.

Devant le gamin qui ne se laisse pas démonter, Mano dégoupille. Mon collègue lui assène à nouveau une claque, puis deux, puis trois, peut-être quatre ou cinq. La tension est montée si vite que j'en oublie de compter les mandales.

– Allez, on l'embarque, dit mon collègue.

Le flic prend la décision, seul. Comme le gosse n'a pas de pièce d'identité sur lui, nous pouvons l'emmener au poste au prétexte d'une simple vérification. Personne ne conteste. Dans la voiture, Mano installe le gamin à l'arrière, avec lui. Je m'installe à côté d'eux.

Sur la route du commissariat, Mano se déchaîne. Cette fois, il distribue des coups de poing. Combien ? Aucune idée, mais je suis tétanisé devant la violence de la scène. Le gamin étouffe quelques gémissements. Dans le feu de l'action, Mano ne l'a pas menotté. Avec ses mains, le gosse tente de protéger son visage et se débat, je lui attrape les mains pour calmer ses mouvements. Mais du même coup, le collègue devenu fou furieux en profite : il coince le torse du gamin avec son coude pour mieux le frapper.

– Mano, calme-toi, essaye de le tempérer Sabrina.

Mano n'entend pas. Je tente moi aussi un « calme-toi » à mon collègue. En vain.

Mano est incontrôlable, il cogne comme un malade et insulte encore et encore le pauvre gosse de « Fils de pute ! »

Xavier roule à vive allure jusqu'au Central, les gyrophares hurlant sur la route. J'ai l'impression d'être en plein délire.

Nous arrivons au poste, le chauffeur gare la voiture. J'aide le gamin à descendre du véhicule.

– Arrête de parler, fais ce qu'on te dit. Arrête de faire ton chaud, je lui glisse comme un conseil malvenu.

Il n'échappera pas à la garde à vue.

Konaté refuse d'être menotté sur le banc. Mano le frappe encore, avant de l'attacher avec autorité. Deux grosses larmes roulent sur les joues du gamin. Que se passe-t-il dans la tête de ce gosse pleurant de rage et d'impuissance ? Comment pourrait-il avoir confiance en la police après cet épisode ?

Quelques minutes plus tard, il est présenté à l'OPJ, qui relève son identité et lui propose de contacter un avocat et un proche, comme le veut la procédure avant une garde à vue. Il est 17 h 40, je viens d'être témoin d'une bavure policière et le gamin passera la nuit en garde à vue.

Je rembobine le film de l'intervention. Il commence comme une intervention anodine. Un tapage en plein après-midi. Des gamins qui éteignent leur enceinte. Un flic énervé qui leur parle comme du poisson pourri (« vous commencez à nous faire chier »). Un gamin qui répond : « On n'a rien fait ». Le même flic qui tapote la joue du gosse et, par ce geste inutile et absolument hors procédure, l'humilie volontairement devant ses potes. Par orgueil, le gamin répond à la provocation physique par une provocation orale (« je te prends en un contre un »). Le flic met le premier coup, il n'en reçoit pas en retour, mais en distribue un nombre considérable, insulte le gosse, l'embarque en garde à vue et le frappe encore à de nombreuses reprises. Ça s'appelle une bavure. Et encore, une bavure sous-entend qu'il y a dérapage, or j'ai le sentiment d'avoir davantage assisté à une agression physique et gratuite.

Nous aurions pu confisquer l'enceinte et nous en aller. Ou ne rien dire et repartir. Ou même embarquer le gamin pour outrage (ce qui aurait déjà été contestable, étant donné que le premier outrage venait de chez nous). Mais il s'est fait tabasser.

Le plus effarant, n'est-ce pas mon attitude passive et, pire encore, celle, mutique des autres collègues plus capés que moi ? Car c'est bien ma seule excuse dans l'échelle des responsabilités : je suis le bleu, le planton, l'ADS, celui qui se trouve le moins en capacité de m'interposer face à quelqu'un qui, *de facto*, est un « supérieur ».

Derrière un écran d'ordinateur, Xavier et Mano passent la fin de leur journée à rédiger le procès-verbal d'interpellation (PVI). Ils doivent raconter pourquoi le gamin a été interpellé. Plus loin, Sabrina discute avec d'autres collègues. En tant que cheffe de bord, elle n'a pas à s'occuper du rapport.

« Agissant conformément aux instructions de Madame la Commissaire divisionnaire, Officier de Police judiciaire Territorialement compétente sur le 19e arrondissement. De patrouille portée, à bord du véhicule sérigraphié de police, pour l'indication TV Sierra. Assistés des Gardiens de la Paix GPX Garcia et Foucaud et de l'adjoint de sécurité Gendrot du service. Revêtus de nos uniformes réglementaires et porteurs de nos insignes apparents de notre qualité. »

Voilà pour les premières lignes formelles. Xavier tape le reste du texte sur le clavier, sous le regard vigilant de Mano. Je reste assis, à côté d'eux, à les écouter. Je comprends très vite la manœuvre. Ils vont charger le gamin et absoudre Mano de toute responsabilité. Il a gardé son sang-froid et n'a commis aucune violence. Il va même jusqu'à se poser en victime. Je rêve.

Mon collègue décide de déposer plainte contre le gamin pour outrage et menaces sur personne dépositaire de l'autorité publique.

– Il déclare ne pas avoir peur de nous. On lui demande de réitérer et là il dit : « Ferme ta gueule », dicte Mano.

Reste alors à déterminer le moment où le gamin s'est rebellé.

– Alors, par contre pour le lieu, ça va être dans le véhicule, lâche Xavier.

Je les interromps.

– De quoi ? Quand t'as commencé à le tarter ? je dis d'un air naïf, histoire de le mettre quand même face à la réalité, au moins entre nous.
– Euh… ben quand on s'est mis sur lui, bredouille Mano, sans doute surpris par ma question frontale.
– Il a un œuf[20], un petit œuf à gauche, intervient Tacos, le garde-détenus du jour, qui vient d'aller voir le gamin dans sa geôle.
– Bon, on va le préciser sur le PVI, estime Mano. Après, qui te dit qu'il s'est pas fait le truc une fois qu'il était en cellule ? Et puis en plus, la patate que je lui ai mise tout à l'heure là, c'était au niveau de la mâchoire. Si tu m'dis qu'il a un truc à gauche…

Le visage fermé, Mano se tourne vers moi.
– C'est un connard. De toute façon, il aurait dû fermer sa gueule, tu vois.
– C'est un petit, il a juste voulu faire le beau devant ses potes, je dis.

Mais je parle dans le vent.
– En plus, le truc, c'est qu'à Compans, on y va de moins en moins. Les seuls trucs qu'il y a, c'est les opé avec la BAC et le GSQ[21]. Ils planquent,

20. Une bosse.

21. Groupe de soutien de quartier : groupe d'intervention rattaché au commissariat et chargé d'intervenir dans des situations difficiles.

ils pensent pas à contrôler, tout ça. Là-bas, y a du stup. Les p'tits, c'est des choufs.

Xavier reste impassible derrière son écran. Le rapport n'est pas terminé, on va rester de longues minutes dans ce bureau à écrire ce texte mensonger et éloigné des faits.

– Tu mets que, à l'aide de mon avant-bras, je maintiens sa tête contre l'appui-tête afin d'éviter un… un problème, lâche Mano.

– Toi, tu faisais quoi ? Tu lui as maintenu quelque chose ? me demande Xavier.

– Euh… les bras.

– Mets aussi que, arrivé au Central, il continuait à menacer, dit Mano.

Il sort une boîte de Pringles goût oignon de son sac. Il m'en propose. Il m'offre aussi un café. C'est la première fois qu'on m'en offre un.

CHAPITRE 32

Le lendemain, en début d'après-midi, je bulle devant le commissariat. Mon gilet pare-balles sur le corps, je surveille l'entrée du commissariat avec une flic. Ma collègue discute avec Sabrina, la cheffe de poste, quand Mano franchit le seuil de la porte. De nouveau en patrouille, il attend le départ de son équipage.

– Putain, il a déposé plainte pour violences policières, souffle Mano, les sourcils froncés.

– Ben, en même temps… c'en était, tranche Sabrina, le regard dur.

Pendant l'épisode Konaté, Sabrina était cheffe de bord. Elle n'a pas fait grand-chose sur le coup pour arrêter le dérapage de Mano. Au lendemain des faits, elle met son collègue face à la réalité. Mano ne répond pas.

– Du coup, tu vas être auditionné, gros, il me dit.
– Auditionné ?
– Ouais, tu vas devoir raconter ce qu'il s'est passé hier.

C'est ici que l'histoire prend une autre tournure.

Le gamin a porté plainte. Une enquête interne est en cours, et les trois autres flics de la patrouille, Xavier, Sabrina et moi, allons donc être auditionnés. Telle est la procédure. Je gamberge sous ma casquette bleue. Que dois-je faire ?

Je pourrais dire que Mano a insulté et frappé le gosse en premier, qu'il a perdu ses nerfs. Ma conscience me l'intime.

D'un autre côté, en tant que flic de base, ne vais-je pas le payer cher ? Mes chances d'obtenir gain de cause sont quasi nulles : tous les autres collègues qui étaient présents sont plus gradés que moi et ils couvrent Mano. Même Sabrina – qui était la cheffe de notre patrouille – compte témoigner en sa faveur alors qu'elle dit à voix haute qu'il s'agit de « violences policières »… La règle tacite a l'air simple à comprendre : quoi qu'il arrive, on se serre les coudes.

Si je dis la vérité, je perçois un autre risque gros comme le nez au milieu de la figure : me faire traiter de balance dans tout le commissariat. La possibilité de gagner la confiance des collègues s'envolerait aussitôt et je ne gratterais plus aucune histoire de flics. Dans ce cas, terminé les interventions et le terrain, bonjour le placard et les missions en solo devant une cellule. J'ai fait un an et demi de sacrifices personnels pour être ici et, quelque part, pour voir comment ce système fonctionne. Ça peut sembler paradoxal, mais je suis justement ici pour raconter ce genre de dérive.

Je me convaincs d'une chose amorale : prioriser ma place d'*insider*. Je raconterai cette bavure sans omettre un détail. En demeurant dans mon rôle de sous-marin, je pourrai raconter ce à quoi nous n'avons jamais accès d'habitude, même lorsque la bavure est filmée : comment les policiers s'en sortent-ils ? Enterrent-ils l'affaire ? Si oui, le font-ils avec difficulté ou avec l'appui de leur hiérarchie ? Que se passe-t-il exactement ?

Couvrir cette bavure me permettra peut-être d'en dénoncer mille.

– Bon, je dois dire quoi ? je demande à Mano.

– Tu racontes ce qu'il s'est passé, il me répond, sûr de lui.

Sans mettre la pression, il m'invite à suivre le rapport de police rédigé ensemble la veille. Pas besoin d'en dire plus.

– Ça va, je l'ai pas tellement secoué, dit Diego-Mano. Je lui en ai mis quelques-unes, c'est sûr, mais j'aurais pu le frapper plus.

– Oui… on sait comment ça se passe, lâche Fanny.

Une flic brune sapée d'un tee-shirt des Rolling Stones et d'une veste en cuir se pointe devant la porte d'entrée du commissariat. Elle me claque la bise et m'explique qu'elle travaille au SAIP, le Service de l'accueil et de l'investigation de proximité qui, la plupart du temps, enquête sur les gardés à vue.

– Tu viendras me voir pour ton audition. C'est juste une formalité, t'inquiète, affirme-t-elle, détendue et souriante.

Une demi-heure plus tard, je me retrouve assis dans son bureau, au troisième étage du commissariat. L'audition dure vingt-deux minutes. Je reprends l'histoire écrite dans le rapport. Je charge le petit jeune. Puis l'enquêtrice me pose des questions.

– Alors, est-ce que l'un de vous a frappé un des gamins dans le hall ?

– Non.

– Est-ce que le GPX Garcia a dit à l'interpellé, dans la voiture, « ferme ta gueule » et « t'as dit quoi fils de pute ? »

Oui.

– Si mon collègue lui a dit ça ? Non.

– Alors, est-ce que Monsieur Konaté a utilisé des propos menaçants contre le GPX Garcia ?

Pas de prime abord, ensuite oui.

– Oui, oui, il lui a dit qu'il était pas un homme, qu'il allait le prendre en un contre un dans la rue. Et il s'est foutu de sa gueule aussi en lui disant qu'il n'avait pas de force.

– Est-ce que Monsieur Konaté a dit : « Tu verras, on va se retrouver avec mes potes de Compans » ?

Non.

– Oui.

– Est-ce que Monsieur Konaté a insulté Diego à plusieurs reprises de fils de pute ?

– Oui.

L'agent aussi a insulté Konaté.

– Est-ce que Monsieur Konaté a essayé de donner des coups de pied dans le véhicule ?

Non, mais l'agent Diego l'a tabassé.

– J'en ai pas souvenir.

– Est-ce que tu as quelque chose à ajouter ?

– Non.

Elle imprime ma déposition. Je la signe après l'avoir relue.

– De toute façon, si tu vois le TAJ qu'il a… Quatre pages !

Le Traitement des antécédents judiciaires, un des principaux fichiers de police, regroupe le passé criminel ou délictuel d'un individu. À 16 ans à peine, Konaté est connu de la police dans une vingtaine d'affaires différentes.

– Ah ouais ? Déjà ?

– Ouais donc, j'te disais, quatre pages de TAJ. Et puis la mère, quand je l'ai appelée tout à l'heure, limite elle était en train de m'insulter en disant que c'était nous qui avions tapé son fils… Tu vois le genre…

CHAPITRE 33

Il est 22 h 30 quand je redescends la rue d'Hautpoul. Je rentre chez moi, seul avec ma conscience. Ma tête pèse une tonne, mes jambes aussi. Faire un faux témoignage pour couvrir un flic n'était pas prévu au programme. J'avais anticipé des bastons, imaginé la façon de me sauver en cas de danger, mais couvrir un collègue qui est allé trop loin, je ne l'avais pas vu venir.

Il est trop tard pour aller boire un verre, j'aimerais pourtant vider mon sac. Me changer les idées. Elles tournent en boucle. Faux témoignage. Konaté. Bavure. J'arrive sur l'avenue Jean-Jaurès, la bouche de métro est là, à quinze mètres. Je balance mon mégot au sol.

Une dizaine de mes potes sont au courant de mon infiltration. Mais j'évite de leur en parler trop souvent. Je garde mes anecdotes pour mes rendez-vous avec La Merguez, un ami rencontré à l'école de journalisme.

Ce soir, je n'ai pas la patience d'attendre mon prochain apéro avec lui. Alors je raconte l'histoire à une pote sur Messenger. En quelques lignes, je lui explique comment j'ai menti. Elle me répond vite. « J'ai peur que tu ailles trop loin dans cette infiltration. Il faut que tu te mettes des limites. Parce que là tu couvres des petites bavures entre guillemets. Mais imagine s'il y en a une grosse. Comment tu fais ? »

Une autre connaissance m'enfonce : « Je suis choquée que tu aies pu aller aussi loin, même si je comprends que les événements aient pu s'enchaîner très rapidement. Comment veux-tu raconter que tu as signé un faux témoignage sans te tirer une balle dans le pied ? Même si c'est édifiant, à ta place j'aurais peur des répercussions, et surtout, j'aurais honte. »

Je ne lui réponds pas. Est-ce que j'ai fait une erreur ? Est-ce que j'avais le choix ? Je risquais de me griller auprès de mes collègues. Comme infiltré, j'ai fait ce qu'il fallait. Comme flic, j'ai fait ce qu'attendaient mes collègues. Comme citoyen et surtout comme individu face à sa conscience, c'est autre chose. Jusqu'où suis-je prêt à aller ?

Le lundi soir, j'ai enfin rendez-vous avec La Merguez. Nous avons prévu de nous retrouver dans un bar pas loin de la place d'Italie, le « Gob », où nous avons nos habitudes.

En l'attendant, j'écoute des personnes assises à côté de moi. Un groupe s'engueule à propos de *World of Warcraft*. Ce bar est un repaire de gamers et de geeks. Peut-être qu'ils ont raison de vouloir passer un maximum de temps dans un monde virtuel. Une fuite comme une autre. Je me ferais bien une petite nuit à jouer à des jeux de rôles. Je suis certain que ça me ferait du bien d'aller embêter une hydre, assis peinard sur le dos d'un dragon. Je médite sur le sujet quand mon pote se pointe, une clope roulée au bec.

– Salut Sergent ! Comment qu'il va ?

Ça l'amuse de me surnommer comme ça depuis le début de mon immersion, sûrement une réaction au sobriquet que j'ai décidé de lui accoler dans ce livre, en raison de sa peau cuivrée et de sa silhouette longiligne. Entre deux vannes, je lui raconte mes dernières péripéties policières. Et je finis par évoquer le poids qui pèse sur mes épaules depuis deux jours.

Il boit une gorgée de bière blonde, soupire et réfléchit.

– Ben, moi, je pense que tu franchis une ligne rouge avec un truc pareil. Faut que tu fasses gaffe à pas tomber dans une espèce d'engrenage. Je pense que ça serait difficile d'en sortir. Tu commences à me faire flipper.

Il commande un autre verre. Encore trente minutes avant de devoir nous séparer. Lui, pour changer les couches de son petit, moi, pour me mettre au lit de bonne heure.

*

Dans mon commissariat, des paroles racistes, homophobes et machistes fusent tous les jours. Elles émanent de certains collègues et sont tolérées ou ignorées par les autres.

À ce stade, en trois mois d'infiltration, j'ai vu des collègues cogner un migrant noir contre un abribus puis dans le fourgon de police ; tabasser un autre migrant marocain ; tabasser le jeune Konaté ; mettre des claques à plusieurs gardés à vue, toujours arabes ou noirs de peau.

Si je me réfère encore à ma courte expérience, il ne suffit pas de se trouver pris en flagrant délit pour prendre des baffes. Par exemple, les deux jeunes flics blancs interpellés et qualifiés de

« black bloc » par des collègues. Ils atterrissent dans le commissariat avec l'étiquette étrange de flic antiflic. Eux n'ont pas pris une seule baffe. On ne peut pas dire : ils ont été épargnés parce qu'ils sont blancs, ce serait un raccourci. On peut en revanche constater que dans mon commissariat, pour moins que ça, d'autres prennent des baffes.

Toutes ces observations de terrain, dans un commissariat bien précis, obligent évidemment à poser la question qui fâche : suis-je face à un cas isolé, ou la police française tolère-t-elle dans ses rangs des comportements racistes ? Dit autrement, la police se comporte-t-elle différemment selon que la peau du citoyen français est noire ou blanche ?

En 2009, deux sociologues ont tenté d'observer la manière dont des policiers réalisaient les contrôles d'identité. Intitulée « Les contrôles au faciès à Paris[22] », leur étude se tenait dans deux endroits où les contrôles étaient fréquents : la gare du Nord et les alentours de Châtelet. Ils voulaient vérifier « une réputation ». « Les policiers sont réputés en France, écrivent les sociologues,

---

22. Fabien Jobard et René Lévy, « Les contrôles au faciès à Paris », *Plein Droit*, 2009/3, N° 82, pages 11-14.

à ce jour comme hier, agir de manière différenciée à l'égard des populations étrangères ou d'origine étrangère. »

Les sociologues ont donc classé les personnes selon leur couleur de peau : « Blancs - Noirs - Maghrébins - Indo-Pakistanais - autres asiatiques ». Les chercheurs ont aussi intégré d'autres critères pouvant attirer l'attention policière comme le fait de porter un sac ou l'apparence vestimentaire. Ils ont par exemple distingué les personnes habillées en costume-cravate, celles habillées « normal, décontracté » et celles habillées « jeune (c'est-à-dire ici hip-hop, reggae, tecktonik, etc.) ».

Afin de rendre les résultats probants, les sociologues ont aussi fait un échantillonnage des personnes présentes sur le site pour pouvoir estimer le type de population présente sur chaque site. Ils ont ainsi « classé » 38 000 personnes qui sont passées devant leurs yeux.

Résultat : il y a un écart considérable entre la composition de la population contrôlée et la composition de la population présente sur les lieux. « Premier écart, le genre : les hommes sont entre 3,5 et 10 fois plus contrôlés que les femmes. Les jeunes aussi sont surcontrôlés. Ainsi, à la fontaine des Innocents située à Châtelet, les jeunes constituent 50 % de la population sur place, mais représentent 99 % des personnes contrôlées. Idem pour l'apparence vestimentaire : la tenue jeune "crève littéralement le plafond" avec 5,7 à 16,1 fois plus de risques d'être contrôlée. » Enfin, « l'écart est aussi patent en ce qui concerne les minorités visibles ».

Plus précisément : « Les Noirs [ont] entre 3,3 et 11,5 fois plus de risques d'être contrôlés que les Blancs au regard de leur part dans la population disponible ; les Maghrébins, entre 1,8 et 14,8 fois. » Des ratios, précisent les chercheurs, qui surpassent ceux habituellement observés dans des études comparables en Grande-Bretagne et aux États-Unis. « Il faut donc s'en tenir là : les policiers surcontrôlent une population caractérisée par le fait qu'elle est masculine, habillée de manière typiquement jeune et issue de minorités visibles. »

Slim Ben Achour, avocat à la cour d'appel de Paris et coresponsable de la commission « Discrimination » du Syndicat des avocats de France (SAF), a travaillé pendant près de cinq ans pour faire reconnaître la pratique du contrôle au faciès par la police française. En 2015, il a réussi à faire condamner l'État pour faute lourde. La Cour de cassation a confirmé cette décision en

2016 : elle a condamné définitivement l'État dans trois dossiers en considérant qu'« un contrôle d'identité fondé sur des caractéristiques physiques associées à une origine réelle ou supposée, sans aucune justification objective préalable, est discriminatoire ».

Slim Ben Achour raconte dans un entretien[23] que pendant ces quasi cinq ans de bataille judiciaire, la ligne de défense de l'État consistait à soutenir que les principes d'égalité et de non-discrimination ne s'appliquaient pas au contrôle d'identité.

Cette condamnation de l'État concorde avec ma propre expérience : dans l'ensemble, le comportement des policiers varie selon la couleur de peau. Comme si les forces de l'ordre appliquaient une sorte de « présomption de culpabilité » envers une partie de la population.

Quand on se penche sur le phénomène des bavures, la couleur de peau joue là encore un rôle important. La première chose qui saute aux yeux, c'est l'opacité ambiante. L'État, grand statisticien et promoteur de la culture du chiffre, s'abstient

---

23. Jérémie Gauthier, « Le contrôle au faciès devant les juges », *La Vie des idées*, 2 février 2018.

d'entrer dans les détails analytiques en matière de « bavures ».

Pour la première fois en juin 2018, l'Inspection générale de la police nationale (IGPN) a donné accès à un décompte officiel. « Dans une démocratie, il n'est pas anormal que l'on puisse savoir combien de tués sont recensés en intervention de police », avait déclaré à cette occasion Marie-France Monéger-Guyomarc'h, alors patronne de l'IGPN.

De juillet 2017 à mai 2018, selon l'IGPN, quatorze personnes sont ainsi mortes au cours d'une intervention policière. Mais ce chiffre est considéré comme relatant « un dommage » et non « un recensement des bavures policières » avait aussitôt précisé l'IGPN. Par ailleurs, ni les noms des défunts ni les circonstances de leur mort ne sont divulgués.

En janvier 2019, un article[24] de la rubrique CheckNews de *Libération* tente de faire le point de manière quantitative et qualitative sur ces morts. Les articles de CheckNews prennent toujours comme point de départ la question d'un lecteur ou d'une lectrice, et tentent d'y répondre.

---

24. Cédric Mathiot, « Y a-t-il vraiment vingt à trente personnes qui meurent chaque année "victimes" de la police ? », *Libération*, 2 février 2019.

Ici, la question de départ vise à vérifier l'affirmation d'un homme cité dans un article de *Mediapart*: Laurent Theron, 49 ans, éborgné par une grenade de désencerclement en septembre 2016 lors de la manifestation contre la loi travail à Paris, qualifie « les crimes policiers » de « racistes ». Et de détailler son propos: « Sur les vingt à trente personnes qui meurent chaque année, 80 % des victimes sont noires ou arabes alors qu'ils ne représentent que 10 % de la population. »

Le site Internet *Bastamag*, qualifié de « base la plus complète » sur le sujet, fait état de vingt à trente personnes tuées chaque année par les forces de l'ordre (sont ajoutées les opérations avec des gendarmes et les situations hors service: par exemple un policier qui tue quelqu'un avec son arme dans sa vie civile). *Bastamag* n'indique pas, en revanche, la couleur de peau ou l'origine ethnique des morts.

Cependant, Ivan du Roy, cofondateur du site, déclare au journaliste de *Libération*: « Si on regarde les noms et les prénoms, on voit effectivement que les personnes issues de l'immigration ou immigrées sont très surreprésentées. Cela ne fait aucun doute. Mais cela ne suffit pas à proposer des statistiques précises. En effet, il faudrait être capable de donner la couleur de peau des personnes, ce qui ne peut pas toujours se faire à partir du nom, et ce qui est très compliqué pour les années les plus anciennes. Il faut ajouter que cela pose aussi des questions juridiques, puisqu'on n'a pas le droit de faire des statistiques ethniques. »

Une autre source, indépendante de la première, confirme cette analyse. L'Action des chrétiens pour l'abolition de la torture (Acat) a fourni en 2016 un rapport « sur l'usage de la force par la Police nationale et la gendarmerie ». L'Acat restreint les critères aux « situations dans lesquelles la force a été directement exercée par des policiers et des gendarmes » au point de décompter seulement vingt-six décès entre 2005 et 2015. Une donnée ressort dans ce rapport : sur les vingt-six décès constatés, « au moins vingt-deux concernaient des personnes issues de minorités visibles ».

Conclusion, la démarche la plus prudente aboutit à cette constatation : 85 % des morts suite à une situation impliquant des gendarmes et/ou des policiers (sans que l'on puisse dire s'il s'agit de bavures ou non) sont des personnes issues de minorités visibles.

Le Larousse définit le mot « racisme » de deux façons : d'abord comme « une idéologie fondée sur la croyance qu'il existe une hiérarchie entre les groupes humains, les “races” » ; mais aussi – et cette définition-ci est moins connue en France – comme le « comportement inspiré par cette idéologie » telle que « une attitude d'hostilité systématique à l'égard d'une catégorie déterminée de personnes : racisme antijeunes ».

Que faire face à des comportements racistes répétés émanant de représentants de la loi ?

Confrontée à cette problématique, la Norvège, par exemple, a effectué une refonte de la formation de ses policiers. Les policiers norvégiens reçoivent trois ans de formation (contre douze mois pour les gardiens de la paix en France, et trois mois pour les ADS comme moi) dont deux semaines complètes sont réservées aux thématiques ethno-raciales.

Mais en France, avant de rechercher des solutions, encore faudrait-il reconnaître l'existence du problème.

En mai 2020, dans la foulée de la mort de George Floyd – un Afro-Américain de 46 ans mort, à Minneapolis, sous la pression du genou du policier blanc Derek Chauvin – des émeutes explosent aux États-Unis, et des manifestations fleurissent dans le monde entier. En France, 20 000 personnes se réunissent devant le tribunal de Paris, le 2 juin 2020, à l'appel du comité « La vérité pour Adama ».

Adama pour Adama Traoré, un jeune Français noir mort le 19 juillet 2016, le jour de ses 24 ans, lors de son interpellation par trois gendarmes. En l'absence de vidéos sur le moment de sa mort et de témoins autres que les trois gendarmes, des autopsies et des contre-autopsies s'affrontent depuis pour déterminer si, oui ou non, il y a eu plaquage ventral, et si la cause de la mort d'Adama Traoré est une « asphyxie positionnelle ».

Dans la foulée de ces mobilisations du printemps 2020, des enquêtes de *Mediapart*, Arte radio et *StreetPress* révèlent de nombreux propos discriminatoires et racistes émanant de membres des forces de l'ordre, échangés sur des réseaux sociaux comme Facebook et des messageries privées comme WhatsApp. Devant l'ampleur de l'émotion suscitée, Emmanuel Macron demande au Premier ministre Édouard Philippe et au ministre de l'Intérieur Christophe Castaner de lui faire rapidement des propositions pour « améliorer la déontologie des forces de l'ordre ».

Le lundi 8 juin 2020, Jacques Toubon, le Défenseur des droits[25], enfonce le clou dans son rapport annuel : + 29 % de réclamations contre les agissements des forces de l'ordre en 2019. Selon lui, la confiance des citoyens envers la police et la gendarmerie est un élément central des institutions, et il passe par le respect de leur déontologie.

Le constat du rapport de Toubon est sans appel : « Depuis le début de son mandat [2013], le Défenseur des droits a demandé l'engagement de poursuites disciplinaires dans trente-six dossiers. Or aucune de ses demandes, pourtant rares et circonstanciées au regard du nombre de dossiers traités sur la même période, n'a été suivie d'effet. »

Le jour de la publication de ce rapport, Christophe Castaner organise une conférence de presse sur les violences policières et le racisme. Elle marque un tournant dans la parole publique du ministre de l'Intérieur qui, jusque-là, privilégiait la défense des forces de l'ordre. « Ces dernières semaines, trop ont failli dans leur devoir républicain. Des propos racistes ont été proférés,

---

25. Autorité indépendante balayant aussi bien le droit des enfants, des usagers du service public ou de la protection des lanceurs d'alertes.

des discriminations, révélées. C'est inacceptable », déclare-t-il.

S'ensuit une liste de propositions pour « améliorer la déontologie des forces de l'ordre ». Le ministre annonce l'abandon de la méthode d'interpellation de prise par le cou dite de « l'étranglement » et aussi une réforme « en profondeur des inspections du ministère de l'Intérieur » – l'IGPN, son homologue de la gendarmerie l'IGGN et l'IGA[26] – pour « plus d'indépendance dans leurs actions vis-à-vis des services ».

Le ministre glisse enfin : « Il n'y a pas d'institution raciste ou de violence ciblée. »

Le mercredi 17 juin 2020, le journal *Le 1* réalise un dossier « Être noir en France » et publie pour l'occasion un long texte intitulé « J'étouffe ». Son auteur est Raoul Peck, réalisateur haïtien du documentaire *I Am Not Your Negro.* Il appelle la France à sortir du « déni ». « Le racisme "light" est aussi du racisme. Il fait tout aussi mal [...]. Les Français, eux, auraient aimé que le racisme ça ne soit qu'aux États-Unis. »

---

26. Inspection générale de l'administration.

Raoul Peck cite alors « un incident avec la police » raconté par un ami de sa fille. « Du haut de ses 14 ans, frimeur, il raconte comment il avait été gardé dans un commissariat pendant qu'un policier jouait à la roulette russe pointée sur sa tempe de gosse. Il raconte l'histoire en rigolant. Mais je vois bien dans ses yeux d'enfant que cela laisse des traces. Pour sûr, le policier, lui, ne voit pas un enfant, mais “un délinquant”. Au mieux. »

Exactement comme Diego-Mano voit en Konaté un « chouf », un guetteur. Et non un adolescent qui joue les grands en écoutant de la musique. Cette perception mêle insidieusement une présomption de culpabilité et une déshumanisation. Un « bâtard », dans l'inconscient de certains policiers du 19e arrondissement, ne mérite ni « exemplarité » ni « impartialité », bref ne mérite pas le respect. Et cela ne dépend pas de ce qu'il a fait, cela dépend de ce qu'il est.

Une fois cette déshumanisation établie, tout devient justifiable, comme le fait de tabasser un adolescent ou un migrant. Et il faut bien admettre que dans les cas de violences policières auxquelles j'ai assisté, l'impunité est systématique.

CHAPITRE 34

Les flics sont venus me cueillir chez moi ce matin. J'étais encore au lit, à poil, avachi sur le matelas de ma mezzanine. Ils ont tapé à la porte. J'ai enfilé un calebar et un tee-shirt en vitesse et j'ai ouvert, les yeux collés.

Ça s'est passé dans le calme. Dès que je les ai entraperçus dans l'embrasure de la porte, j'ai compris. Ici allait s'arrêter la mascarade, l'escroquerie.

Je ne me souviens pas de leur visage, à ces types. Bizarre, d'habitude c'est la première chose que j'enregistre. Je les ai suivis, sans dire un mot. Menottes, panier à salade, garde à vue.

Ils m'ont emmené dans un endroit que je ne connais pas. Il ne s'agit pas d'un commissariat, ni de locaux de la police judiciaire. Tout y est rose bonbon. Le sol, le plafond, même la moquette posée sur les murs. À quel service appartient un truc pareil ?

Je tourne en rond quelques minutes dans cette étrange pièce équipée d'une simple table et d'une fenêtre à la vitre opaque.

Deux flics se pointent, ils viennent m'auditionner et s'installent autour du bureau. Ils ont apporté des chaises pliantes. Les deux se ressemblent avec leurs coupes de cheveux identiques, une raie brune et lisse couvrant un début de calvitie. Dupont et Dupond des temps modernes. Ils sont polis et me proposent un café que j'accepte.

– Bon, vous êtes journaliste, dit le premier flic, visiblement embêté.

– Oui, c'est ça.

– Ça va vous coûter cher, vous le savez ça.

– Mon avocat est arrivé ?

– Pas encore.

Dans la pièce, une alarme retentit, un son strident qui me sort de ce cauchemar. J'attrape le portable sous mon oreiller. J'ouvre les yeux. Il est 4 h 25. Voilà que cette infiltration pénètre mes rêves.

CHAPITRE 35

Ludo : Il y a un Guillaume en J2 chez nous ?

Vargo : Oui c'est un collègue de la J2

Ludo : Il vient de mettre fin à ses jours...

Xavier : C'est confirmé ? Tu sors ça d'où ?

Vargo : Oui c'est confirmé

Ludo : Un pote à moi qui vient de me l'apprendre

Xavier : Ben merde

Un autre flic : Il était en stage GSQ[27] en ce moment

Xavier : Chez lui ou au CP[28] ?

Benjamin : Putain...

Vargo : Pas au CP c'est sûr

Xavier : Ok

Vargo : Son nom c'est Guillaume Ariège.

---

27. Groupe de sécurité de proximité.

28. Commissariat principal, désigne le commissariat du 19e arrondissement. L'appellation date de l'époque où un arrondissement comptait plusieurs commissariats.

Xavier : Je vois pas qui c'est comme ça mais j'ai déjà vu le nom

Vargo poste une photo du policier travaillant dans notre commissariat, qui vient de se suicider. Le défunt pose en costard cravate noir.

Xavier : Ah putain si…
Loïc : Putain c'est le vestiaire à côté du mien. Je lui ai parlé hier
Ludo : Chaud :-/
Bullit : Ouais. La misère

Vargo envoie quatre smileys en larmes.

Rodrigue : Putain merde
Natacha : Mais merde. Qqn le connais bien ? C dingue il avait l'air bien. Pas dépressif. C confirmé par qui ??
Benjamin : Après on sait jamais. Combien de fois quand on te demande si tu vas bien tu réponds oui alors que c'est pas le cas. Et puis les collègues on les croise entre 10 secondes et 5 minutes aux relèves
Natacha : C vrai… C ca le pire. On est pas fichu de voir que les gens avec qui on bosse… C terrorisant
Benjamin : Parce que dans notre milieu on ne tolère pas la faiblesse. Donc on donne le change.

Natacha : Ouais bah c débile. On est tous des êtres humains. On a tous des pb… Des coups de mou
Benjamin : Sauf qu'en plus de ça on est des flicards

CHAPITRE 36

La police compte parmi les professions les plus touchées par les suicides. En 2017, cinquante et un policiers ont mis fin à leurs jours. Trente-cinq policiers en 2018. Notre ex-collègue est le 33e policier à s'être tué en 2019. À la fin de l'année, le décompte macabre grimpera à cinquante-neuf individus.

Sebastian Roché, directeur de recherche au Centre national de la recherche scientifique (CNRS), est un spécialiste de la police. Dans un entretien[29] publié dans *Le Monde* le 20 avril 2019, il évoque le taux de « sur-suicide » des policiers et précise: « Cela fait quarante ans

---

29. Louise Couvelaire, « Il n'existe aucune étude de fond du ministère permettant d'analyser les suicides dans la police », *Le Monde*, 20 avril 2019.

que l'on sait qu'il y a davantage de suicides chez les policiers que dans le reste de la population à structure égale, c'est-à-dire entre 35 ans et 45 ans et majoritairement masculine. En juin 2018, un rapport du Sénat pointait un taux de suicides dans la police supérieur de 36 % à celui de la population générale. »

Le 33e policier suicidé de 2019 n'est pas un chiffre abstrait pour moi. Il s'agit d'un homme qui travaillait ici, dans mon commissariat. Je regarde à nouveau la photo du policier. Cheveux courts, noirs, beau gosse, un portable flambant neuf dans les mains. Il officiait dans une autre brigade que la mienne, la J2. Je pense ne jamais l'avoir croisé dans les couloirs.

J'arrive rue Erik-Satie. Marvin, mon collègue gardien de la paix stagiaire, poireaute devant la porte d'entrée du commissariat. Lui non plus ne connaissait pas ce collègue.

– On sait pas si c'est un suicide ou un accident. Il était en congé, il est rentré chez lui avec son arme de service. Ses collègues de J2 sont venus au Central mais ils ont pas bossé, raconte Marvin. Ils pleuraient, certains étaient en état de choc. Ils sont restés en bas, à discuter. T'as des collègues qui partent en vacances avec leur arme. Maintenant, la patronne est emmerdée parce que c'est elle qui a signé l'autorisation pour qu'il puisse partir en congé avec.

Après les attentats du 13 novembre 2015 à Paris et à Saint-Denis, répondant à de nombreuses requêtes de syndicats de policiers, le directeur général de la police nationale de l'époque – Jean-Marc Falcone – mettait en place « un régime dérogatoire temporaire » : il autorisait tous les agents à rentrer chez eux munis de leur pistolet Sig Sauer.

En janvier 2016, Bernard Cazeneuve a signé un arrêté reliant cette mesure à l'état d'urgence. À compter de cette date, chaque fois que le régime d'exception entre en vigueur, « tout fonctionnaire de police qui n'est pas en service peut porter son arme individuelle pendant la durée de l'état d'urgence, y compris en dehors du ressort territorial où il exerce ses fonctions ».

Enfin, le dérogatoire est devenu la norme. En juin 2016, à Magnanville, un djihadiste tue un couple de policiers à son domicile. La tragédie pousse le gouvernement de François Hollande à étendre ce système au-delà de l'état d'urgence.

Un texte[30] du ministère de l'Intérieur précise les trois conditions imposées aux policiers pour porter leur arme en dehors du service : rédiger une déclaration préalable adressée à leur chef de service ; avoir accompli des tirs réglementaires lors de l'année précédente (trois tirs de trente cartouches) et avoir suivi au moins une séance de tir lors des quatre derniers mois.

La mesure génère une situation nouvelle : l'arme de service est désormais accessible 24 heures sur 24. Une question sensible se pose : la mesure post attentat participe-t-elle au « sur-suicide » policier ?

En avril 2019, Christophe Castaner, ministre de l'Intérieur, a mis en place une Cellule alerte prévention suicide (Caps) pour, selon ses mots, « briser la peur, briser la honte, briser le silence ». D'emblée, le ministre précise : « Le fait qu'on ait laissé des policiers qui le souhaitaient garder leur arme de service pour se déplacer de leur domicile au lieu de travail n'a pas eu d'effet sur l'augmentation de taux de suicide par arme. »

L'argument du ministre est, au bas mot, très cynique. Si « le taux de suicide par arme » n'a

30. « Instruction relative à l'arme individuelle ou de service » du 9 mars 2017.

pas augmenté de façon outrancière après cette mesure, c'est pour une raison simple : il atteint déjà le plafond.

En 1997, dans une analyse[31] intitulée « Le suicide dans la police nationale », le sociologue Nicolas Bourgoin avait déjà comparé deux chiffres. Au sein de la population française, le premier moyen utilisé par les hommes de 25 à 54 ans pour se suicider est la pendaison. Chez les policiers, dans 75,6 % des cas, il s'agit de l'arme de service.

Ce chiffre met en relief une vérité : si l'arme n'est pas la cause du « sur suicide » policier, il en est assurément le moyen. Nicolas Bourgoin parle de « la facilité d'accès au moyen radical que représente l'arme de service ».

Le sociologue liste les facteurs dominants pour expliquer le « sur suicide » des policiers : « l'accès aux armes à feu » ; « l'abus d'alcool » ; « les horaires qui nuisent à la vie de famille » (davantage de divorces), « l'indifférence voire l'antipathie du public », « le système judiciaire peut être une source de frustration et de confusion »

31. Nicolas Bourgoin, « Le suicide dans la Police nationale », *Population*, 52e année, n° 2, 1997, pages 431-440.

(les policiers vivent nombre de décisions rendues par les tribunaux comme injustes). Dans un entretien[32] accordé au média *Les Jours*, Noémie Angel, à la tête de la Cellule alerte prévention suicide, ajoute que « les troubles de stress post-traumatique, qui naissent de l'exposition répétée à des scènes de violences » et « de la confrontation à la mort » accentuent aussi les risques suicidaires. L'un des objectifs de la Caps est de « déstigmatiser le recours à l'aide » d'un médecin ou d'un psychologue, précise Noémie Angel.

*

Sur WhatsApp, Steph', le brigadier-chef, recherche des volontaires pour remplacer les membres de la J2 le vendredi après-midi suivant : les obsèques de leur collègue coïncident avec leur prise de service. Je me porte candidat. Dans les couloirs, je trouve Diego-Mano.

– T'es volontaire pour aller bosser vendredi ? je lui demande.

– Non, pas pour ça. On connaît pas toute l'histoire mais on passe pour des cassos.

32. Camille Polloni, « Suicides dans la police : la mort dans l'arme », *Les Jours*, 29 avril 2019.

Heureusement que c'est sur la base du volontariat. Ça m'aurait fait chier qu'on soit obligé de venir bosser.

– Quand même, c'est sûrement important pour ses collègues de pouvoir aller lui rendre hommage.

Mano soupire, peu convaincu. Finalement, la hiérarchie m'épargnera mon vendredi. Les heures supplémentaires d'un ADS coûtent trop cher à l'administration, m'explique-t-on.

*

Quelques jours plus tard, tous les flics de la brigade sont convoqués dans la salle d'appels. Un commandant de police du commissariat prend la parole.

– Je voudrais vous remercier d'être venus travailler vendredi dernier, suite au décès de notre collègue. Grâce à vous, on a pu être une vingtaine aux obsèques. Certains étaient en tenue d'honneur. Ça avait de la gueule. On a pu défiler avant et après l'église.

Il la répète plusieurs fois cette expression. « Ça avait de la gueule. »

– Quant au collègue, difficile de savoir si c'était pour des raisons professionnelles ou personnelles, reprend le commandant. Il avait l'air de se sentir bien. On attend les conclusions de l'enquête et c'est possible qu'on ne sache jamais vraiment ce qu'il s'est passé. Merci encore à vous tous.

L'officier quitte la salle. Le quotidien du commissariat reprend son cours. Dans le vestiaire, son ancien casier reste vide. Un mot a été scotché sur le métal froid. « Merci de ne rien mettre dans ce casier par respect pour notre collègue et ami décédé… Merci. »

– Bah, à un moment, faudra passer à autre chose, commente Tacos.

CHAPITRE 37

Un flic de ma brigade envoie le lien d'un article du *Parisien*. « Tempête Miguel : à Paris, un homme gravement blessé par la chute d'un réverbère. »

Le flic : J'espère que c'est un modou (smiley mort de rire)
Bullit : lol
Un autre flic : Ou un bobo

CHAPITRE 38

Ce matin, Stan fait son numéro habituel. Au moment de l'appel, il soupire. Il n'apprécie pas les gens avec qui il va patrouiller. Pour lui, ce sont des mauvais flics, des incompétents.

– C'est qui le chauffeur? il demande à la criée.

Je lui annonce que c'est moi. Il écarquille les yeux et soupire à nouveau. Dans ses équipages, Stan veut des flics à son image, des chasseurs qui courent après des bâtards.

Dans sa conception du métier, il y a la catégorie des tocards à laquelle j'appartiens. Moi, petit ADS binoclard sans expérience, un type qui suit le rythme sans jamais prendre d'initiatives.

Il ne voit pas que, de mon côté, je fais beaucoup d'efforts pour m'intégrer! Je viens par exemple de racheter le « gilet tactique » de

Natacha. J'ai payé trente euros pour cet équipement multipoches et dépourvu de manches dont les plaques en polyéthylène protègent l'abdomen et le thorax. Tous mes collègues en portent un quand ils patrouillent. Dans le dos, j'ai scratché la grande plaque Police, rectangulaire et réfléchissante.

J'ai aussi téléchargé Actu 17 sur mon téléphone, une application regroupant des articles de faits divers très utilisée par les policiers du commissariat. Je pourrais en plus me procurer une lampe de meilleure qualité que les Maglite du poste. Souvent, il en manque, et plusieurs lampes ne fonctionnent pas. J'aimerais aussi m'acheter de meilleurs gants. Mais tout serait à ma charge. Mes collègues payent ces équipements de leur poche.

L'appel se termine.

– Tu veux conduire ou je le fais ? me demande Stan en sortant de la salle. Il n'a clairement pas envie que je prenne le volant, comme c'est pourtant prévu.

– Comme tu veux, je réponds, vexé.

En marchant derrière Stan dans les couloirs, j'ai l'impression de suivre une célébrité. D'autres flics viennent lui parler, lui serrer la main. Stan est un baron ; une cour gravite autour de lui. Nous arrivons dans le garage, Stan s'installe au volant de la Peugeot 208.

CHAPITRE 39

« Le mec devant ! Là-bas ! Il s'barre ! »

À une centaine de mètres, un type se met à détaler. Nous l'avons déjà repéré quinze minutes plus tôt, il s'est éloigné au moment où nous nous apprêtions à faire un contrôle. Avec Loïc, nous nous lançons à sa poursuite dans les rues de l'arrondissement.

Sur les premières foulées, je suis mon collègue. C'est la première fois que je cours après quelqu'un. Dans le jargon, on appelle ça « une courette ». Pas évident de galoper avec des Rangers aux pieds et ce gilet tactique encombrant. Il ne faudrait pas que je paume ma radio en cours de route, je passerais pour un idiot, un Pierre Richard.

Sur les ondes, Stan a annoncé la course.

– Courette, porte d'Aubervilliers. Individu habillé en noir avec un sac à dos bleu.

Au bout de quelques mètres, je réussis à doubler mon collègue. Je vais lui montrer, moi, à Stan, que je ne suis pas si nul que ça.

Le type passe le rond-point de la porte de la Villette, se faufile au milieu des voitures et court en direction d'Aubervilliers. C'est en dehors de notre juridiction, mais tant pis. Je maintiens la cadence, traverse la route et zigzague entre les voitures. En fuite, le type a peut-être quelque chose à se reprocher. Du shit ou de la coke planqués dans son sac, ou une obligation de quitter le territoire aux fesses. Ou alors il a juste peur des flics.

Si je l'interpelle, ce sera mon heure de gloire. J'aurai chopé un gars, tout seul, et la reconnaissance de toute la brigade. « Gendrot ? C'est un bon flic », ils diront. J'ignore ce qui me pousse à chercher leur reconnaissance. Après tout, je pourrais m'en moquer. Je suis là pour raconter sans tabou ce quotidien, pas pour lire l'admiration ou la connivence dans leur regard. Et pourtant, il y a un peu de ça.

On pourrait appeler ça une sorte de « syndrome du bon élève » qui s'est emparé de moi. À force de vouloir être intégré, à force d'imiter, on finit par intérioriser les codes. J'ai déjà vécu ça dans mes infiltrations précédentes. La majeure partie du temps, *on ne joue pas* à être un employé modèle, il n'y a plus de comédie, *on devient* juste un employé modèle.

Et là, tout de suite, l'employé modèle en moi me dit qu'il faut que j'attrape cet inconnu qui court devant moi. Et peu importe la raison pour laquelle il court.

Encore faut-il réussir à le choper. Si je le rattrape, comment pourrai-je l'arrêter ? Je m'imagine lui mettre un tacle, comme à un attaquant sur un terrain de foot. Mais alors je pourrais le blesser…

Désormais seul sur le boulevard, je finis par perdre de vue le type. Où est-il passé ? Merde. J'ai le souffle coupé.

– Il est parti vers le marché, m'indique un passant.

Englué dans des ralentissements, Stan, au volant de la 208, arrive trop tard. Loïc aussi. C'est le regroupement général. Une patrouille débarque, une autre encore. Le type est introuvable. Il est passé où, bordel ?

Stan insiste pour continuer les recherches. Nous parcourons d'autres rues, avant de retourner vers la première, celle où nous avons perdu sa trace. C'est mort, nous ne le retrouverons pas. Je m'assois à l'arrière de la voiture, en sueur. Stan enrage :

– En plus, il avançait pas !

CHAPITRE 40

Dans notre conversation WhatsApp, Rodrigue envoie une capture d'écran d'un macaron intitulé « Compteur de la honte », répertoriant et actualisant tous les suicides de l'année parmi les forces de l'ordre au sens large. Neuf parmi les gendarmes. Deux chez les agents pénitentiaires. Trois chez les militaires, sept dans la police municipale. Un à la SNCF, aucun dans les douanes. Quarante-trois dans la police nationale. Un total de soixante-cinq. L'année dernière, ce même compteur final enregistrait quatre-vingt-huit décès.

Le collègue ajoute dans le fil de discussion : « Ça va pas. Faut qu'on fasse des barbecues. »

Un mois auparavant, le 30 mai 2019, France info révélait qu'Éric Morvan, alors directeur de la police nationale, avait adressé une note appelant tous les directeurs de service à « une mobilisation contre le suicide ». Le grand patron réclamait pour ses troupes davantage de reconnaissance, d'écoute et de « convivialité » au sein de la police.

Les cadres étaient invités à soigner les remises de décoration, en adoptant un « cadre cérémoniel » et en aucun cas s'en débarrasser lors « d'une remise impersonnelle ». Il rappelait l'existence d'un réseau social interne baptisé « Radio Police » censé permettre de discuter sans tabou entre policiers. Par ailleurs, la note encourageait aussi l'organisation de « temps collectifs autour d'un barbecue, d'une sortie sportive ou d'un pique-nique ».

La « note barbecue » symbolise pour mes collègues toute la déconnexion entre la hiérarchie policière et sa base. Sebastian Roché, sociologue spécialiste de la police, ne dit pas autre chose : « Il n'y a pas de politique publique suffisante pour prendre en compte les caractéristiques spécifiques au métier de policier. La plus grande menace pour la police c'est pourtant le suicide, et pas les criminels. »

CHAPITRE 41

Quatre mois d'infiltration, je suis tombé dans une routine grise. Je sais que pendant mes quatre jours de boulot – un « cycle » – j'aurai droit à une ou deux journées devant la porte, une ou deux autres en garde-détenus, et une seule dehors, en patrouille.

Aujourd'hui, je suis campé à la porte. J'y retrouve souvent les mêmes têtes, des ADS, des flics stagiaires, comme Ludo ou Marvin. Avec eux, le courant passe. On discute, on se marre. J'ai fini par me faire accepter. À présent, mes collègues me considèrent comme l'un des leurs. J'ai joué au foot avec eux, à plusieurs reprises. L'occasion de briller un peu, plus qu'en patrouille. Je ne suis sans doute pas le meilleur flic du 19e, mais au moins je ris à leurs vannes.

Parce que au fond, je sais que je ne suis pas si loin d'eux. Ces flics me rappellent d'où je viens. Souvent, ce sont des provinciaux, comme moi. Souvent encore, ils viennent de milieux populaires ou de classe moyenne, comme moi. Je ne dois pas creuser très profond pour adopter leurs codes. Leur culture, c'est celle de mes potes de l'école primaire et du collège, celle des mecs de mon équipe de foot, ceux que je fréquente depuis que je suis gamin.

Cette proximité vient chatouiller un point sensible chez moi, un truc non résolu. La sensation de n'appartenir à aucun milieu. Je me sens trop éduqué pour celui d'où je viens, et trop plouc pour l'univers journalistique parisien.

Ma technique dans tous les milieux, une technique probablement instinctive, est toujours la même : je n'ouvre pas trop la bouche. Et dans le commissariat, je me tiens à distance dans le jeu de lutte entre les clans. Celui de Stan et des « chasseurs » d'un côté ; les anti-Stan, avec Toto comme chef de file, de l'autre. Mon mutisme et ma discrétion présentent un avantage majeur : ils me permettent de continuer à échanger avec les uns et les autres.

À la porte du commissâriat, il ne se passe pas grand chose mais c'est un bon poste d'observation et d'échange.

– J'étais avec une meuf l'autre soir, je l'ai défoncée, raconte à Ludo un flic que je ne connais pas. Elle m'a sucé, j'ai giclé et après ça j'me suis barré mon gars ! En tout cas, ça remet le facteur sur son vélo !

Sourire aux lèvres, le flic repart. Les partages d'exploits sexuels – réels ou fanstasmés – font partie de la routine, selon les codes les plus éculés de la masculinité. Pour ne pas détonner, il m'est arrivé de m'y soumettre, alors que d'habitude, ma pudeur m'empêche d'aborder le sujet, même avec mes potes. Un soir, en quittant mes collègues, je leur ai glissé que j'allais coucher avec une meuf le soir même. Le lendemain matin, un flic m'a gratifié d'une grande claque dans le dos assortie d'un « Ça va champion ? T'as été bon, hier ? »

Me voici seul avec Ludo. Très vite, mon collègue me parle de son enfance.

– Quand j'étais au collège, au lycée, j'étais un cassos. J'étais gringalet, j'avais des boutons. Je traînais avec des gens pas fréquentables.

Un bac pro de télécommunication en poche, Ludo intègre l'armée, comme son père et son frère. Il voulait entrer chez les paras. Mais sa vue n'était pas assez bonne, alors, il a intégré un régiment d'infanterie.

– Là, j'ai ramassé. J'en ai chié.

Ludo me raconte les marches en forêt en pleine nuit, la discipline.

– La police à côté, c'est guinguette. En école, par exemple, t'avais les formateurs qui reprenaient trois ou quatre fois des gars. À l'armée, tu le faisais juste une fois et c'était punition collective. Là, tu comprenais.

– Mais en école de police aussi, c'était disciplinaire.

– Ah non, pas du tout. Ça n'avait rien à voir.

Des flics – Marvin et d'autres – café en main, viennent discuter devant la porte. Toto les rejoint, énervé. Stan et son équipage viennent d'interpeller. Ils sont tombés par hasard sur un groupe de cinq ados qui venaient de voler une paire d'AirPods, les écouteurs sans fil d'Apple. Stan et ses boys en ont attrapé deux après une courette.

– Lui, il a vraiment de la chatte ! lâche Toto. Il a toujours de la chance, c'est ouf !

Marvin et lui retournent patrouiller. Me voilà de nouveau seul avec Ludo. La veille, Ludo a fait son recyclage « HK », c'est-à-dire un renouvellement d'habilitation au fusil-mitrailleur. De 8 h 15 à 13 h 30, il devait montrer ses aptitudes à utiliser cette arme.

– Y a une meuf qui a réussi à tirer dans le plafond... Sérieusement, je sais pas comment tu peux faire un truc pareil.

Je ne réagis pas, je serais tout à fait capable d'un tel exploit.

Aujourd'hui devant la porte, Ludo tient le « PM » – pour pistolet-mitrailleur – entre ses doigts musclés.

– Bon, il vient quand le terroriste ? blague mon collègue. Il m'a dit qu'il devait passer.

– Il est peut-être en retard. T'as son numéro ?

– Ouais. J'ai envie de tirer, moi ! Allez !

Pour rire, Ludo se met à viser un ouvrier de chantier avec son arme, une passante, puis un pigeon.

– Au fait, faut que je te dise, si jamais je me fais fumer par des types, j'ai chambré la cartouche, j'ai juste mis le cran de sécurité.

Sur ce genre d'armes au chargeur incurvé et chargé de trente balles, il existe quatre positions différentes. Une position prête à tirer. Une autre avec un cran de sécurité. Une autre pour tirer seulement deux fois. Une dernière en mode rafale.

– J'ai l'autre chargeur dans la poche, m'informe Ludo.

– Ça marche, dis-je, pour répondre quelque chose.
– Je sais que faire comme ça, c'est interdit. Les instructions, c'est de pas chambrer la cartouche. Mais moi je trouve ça con. Le préfet de police, enfin l'ancien préfet, voulait pas qu'on chambre la cartouche, à cause des tirs accidentels. Et le nouveau, apparemment, il est pas contre, mais il l'a pas encore dit officiellement.

*

En fin de journée, Ludo a mal au poignet. C'est fatigant de porter le PM. Le terroriste ne viendra pas aujourd'hui. Mon collègue aura surveillé une succession de quidams venant pour des plaintes, des déclarations de perte de documents officiels type carte d'identité, passeport ou titre de séjour.

On s'ennuie. Il fait trop chaud, personne ne vient au commissariat. Je transpire sous mon gilet pare-balles. Soudain, la radio crachote.
– On vient de recevoir des projectiles ! hurle un flic du GSQ sur les ondes.

Au Central, ça s'agite. Moi, je suis coincé devant la porte, un peu frustré.

Toto monte dans la voiture, il fait hurler le gyrophare et crisser les pneus. J'écoute la suite des événements sur les ondes, comme si je suivais un match à la radio.

– Faites attention à vos têtes, ils balancent des oignons congelés par les fenêtres, s'excite un collègue à la radio.

L'intervention semble musclée. Des cris retentissent dans la radio.

Quelques minutes plus tard, une patrouille dépose devant le commissariat deux flics du GSQ serrant de près un jeune homme interpellé dans cette affaire de projectiles. Un autre véhicule arrive bientôt avec le scooter du jeune homme.

Quelques minutes plus tard, Toto s'approche de nous et grogne une fois de plus.

– Ils ont pas chopé le bon gars en fait. C'est ni fait ni à faire.

CHAPITRE 42

Dans le commissariat, le super pote de Stan s'appelle Charles, alias Charly. Les deux étaient ensemble en école de police. Le casier de Charly est situé près du mien, alors avant d'aller pointer, nous discutons. Il est drôle, avenant, baraqué aussi. Avec son cou de taureau, ce gars a des allures de troisième ligne de rugby.

– Ça fait sept ans que je fais ce boulot et je continue de rencontrer la connerie humaine, il plaisante. Je pensais que j'avais tout vu dans le 19e, eh ben non. Quand je raconte des trucs à ma mère, elle me dit : « T'exagères. » Mais non, même pas ! T'es à quel poste aujourd'hui, gros ? me demande-t-il.

– Garde-détenus.

– On est ensemble alors !

Je suis prêt avant lui, alors je pars nous chercher des cafés avant de prendre mon service. On s'entend bien, Charly et moi.

J'arrive devant le bat-flanc le premier, il est 6 h 02. Je relève seul les collègues de la nuit, en attendant Charly.

– On a onze GAV[33], m'explique un garde-détenus. Tu as trois frères. Y en a un qui a plus de trois cents balles sur lui, on a mis l'argent au coffre. Les deux autres ont cent balles chacun à peu près. Ils sont calmes. Autrement, on a quatre majeurs.

– OK.

– On a aussi un mec bourré et con.

– OK. Et l'autre, celui sur le banc ?

– Alors lui, il est très très con. Il devait partir en examen de comportement hier à 17 heures. Mais ils savent pas qui doit l'emmener. Donc il est resté là. Il a mordu un collègue hier, il a pissé par terre dans la nuit. Et puis tu vas voir, de temps à autre, il se met à gueuler.

Ce genre de type imprévisible me fait flipper ; que faire s'il pète un câble ?

Les cellules du commissariat ne sont remplies qu'à moitié. Avec onze gardés à vue, nous n'allons pas beaucoup bosser, une bonne journée

33. Garde à vue.

pour discuter. Charly s'installe, remplit quelques feuilles puis répond aux questions que je lui pose.

– J'ai été ADS pendant quatre ans et demi. J'ai fait la circu au début et après, comme je me suis blessé au genou, je taffais dans le 20e, comme garde-détenus. J'ai fait ça pendant huit ou neuf mois, on en a cassé des bouches, mon gars !

Il se lance dans une longue recension de cas où les mecs prenaient des pains dans la tronche au moindre écart. Il se souvient d'un type en sang qu'un collègue venait d'avoiner, et derrière eux, Charly qui passait la serpillière pour effacer les traces.

– Ma cheffe, quand elle ouvrait la porte, si elle voyait un mec avec la gueule en vrac, elle disait juste « Ouh là, je repasserai plus tard ! »

Les anecdotes de Charly me glacent le sang, je peine à feindre la légèreté. Je commence à saturer de l'omniprésence de la violence dans ce quotidien. Ce qui m'étonne, outre les profils violents, c'est de constater à quel point ils se sentent intouchables. Comme s'il n'y avait aucun cadre, aucune surveillance de la hiérarchie. Comme si un policier pouvait choisir, selon son libre arbitre et son humeur du moment : être violent ou non.

– Une fois, on a compté 6000 GAV dans l'année, on en a cogné la moitié à peu près.

Je me demande s'il me raconte des craques. J'ai un doute. Trois mille types déboîtés en un an, ça fait beaucoup, une moyenne de sept ou huit par jour. J'ouvre machinalement l'appli Actu 17.

– Tiens, on a chopé les mecs qui ont blessé des collègues en sortie de boîte, j'avertis Charly.

– Blessé ?

– Ouais, une cheville pétée et des jours d'ITT.

– Ah bah fallait pas les choper, ces mecs-là, fallait les mettre dans un coffre de voiture, commente mon collègue.

Les autres nouvelles sur Actu 17 regroupent tout un tas de faits divers anxiogènes. « Cinq ans de prison pour le chauffard qui avait percuté un gendarme » ; « Une adolescente dépouillée et violée dans une cave de cité ». De quoi devenir parano.

Charly me branche sur un bouquin.

– Je sais pas si tu connais. Ça s'appelle *La peur a changé de camp*[34], d'un journaliste. Ploquant ou Ploquin, je sais plus. Tu verras ce qu'il raconte. C'est exactement ce qu'on vit, c'est exactement ça !

---

34. Frédéric Ploquin, *La peur a changé de camp*, Albin Michel, 2018.

Je vois très bien de quel livre parle mon collègue, j'ai écouté une interview de l'auteur. Le reporter Frédéric Ploquin cumule des témoignages de fonctionnaires de police pour raconter à quel point ces derniers ont la sensation d'être devenus des cibles et se sentent abandonnés. « Chaque jour, chaque nuit, des policiers entament leur travail la peur au ventre. Face aux caïds de tout gabarit, les forces de l'ordre ne font plus le poids », écrit-il.

En fin de service, un groupe d'ados entre en garde à vue. Je reconnais le visage d'un gamin venu là une semaine plus tôt. Je vais le voir.

– Capron ?

– Quoi ? me répond la grande tige vautrée sur son matelas.

Il arbore cette coupe de cheveux à la mode, rasé sur les tempes, longs et bouclés sur le dessus.

– T'es encore là… Je lui souris. Tu cherches les emmerdes, grand.

Il se lève et m'explique en trois phrases la raison de sa présence ici. La semaine précédente, il a été déféré au dépôt et s'en est sorti avec un rappel à la loi. Il vient d'être interpellé pour un vol en réunion, à plusieurs donc, d'une tablette et d'un mp3.

– J'ai rien fait cette fois, se défend-il.
– T'as vraiment que ça à foutre de ta vie.

Quelques mois plus tôt, je n'aurais jamais balancé une phrase pareille. Je ne me reconnais pas. Je ne distribue pas de mandales, mais j'ai une étrange sensation. Je deviens un flic comme les autres, insensible et désabusé.

CHAPITRE 43

Mes notifications WhatsApp s'emballent à nouveau.

Bullit : encore un collègue suicidé à toulouse. Par pendaison

Natacha : Oh c encore pire

Benjamin : Pire je sais pas

Bullit : il était suspendu 24 mois sans solde suite à un conseil de discipline

Jeudi 20 juin 2019, un policier de 45 ans a mis fin à ses jours. Il s'est donné la mort à son domicile. « Douleur et immense tristesse de la corporation. Sébastien était père de trois enfants, nous nous associons à leur peine et pensons à sa compagne, sa famille, ses proches et ses collègues », a réagi sur son compte Facebook le syndicat Unité SGP Police FO.

Deux jours plus tôt, le policier passait en commission de discipline pour « permutation financée » : il était accusé d'avoir versé un pot-de-vin afin d'obtenir une mutation. À quel environnement cet agent était-il confronté ? Était-ce un passe-droit ou une fuite ? Le communiqué des autorités ne donne pas davantage d'informations. Dans quelle autre profession mal rémunérée un individu est-il prêt à payer de sa poche pour être muté ?

> **Tacos :** C'est une hécatombe
>
> **Farid :** Incroyable
>
> **Natacha :** Bah c normal alors qu'il ait craqué… Les pb financiers y'a pas pire. C vraiment des sales fils de putes dans cette administration. Ils sont inhumains
>
> **Ludo :** Bah attend tu sais pas pourquoi il a été suspendu aussi…
>
> **Natacha :** On s'en fout… Soit tu vires pour de bon et la personne a au moins une chance de retrouver un job. Soit tu suspends en laissant le salaire ou en permettant a la personne de travailler à côté. Mais c pas le cas qd t suspendu ta pas de salaire et ta pas le droit de bosser car t encore fonctionnaire d état

CHAPITRE 44

Le 27 juin 2018, les sénateurs français rédigent un rapport intitulé « Vaincre le malaise des forces de sécurité intérieure : une exigence républicaine ». Une fois le triste constat habituel passé – « l'état dégradé du moral des agents » – les élus pointent dans la case « les difficultés du quotidien » le cas des policiers d'Île-de-France.

Dans son enquête, la commission sénatoriale constate que « les cas de policiers récemment affectés à Paris contraints de se mettre en colocation à plus de cinq dans vingt mètres carrés, en alternant les présences entre ceux travaillant de nuit et de jour, voire à dormir dans leur voiture, ne sont pas exceptionnels ».

Le rapport liste également « un ensemble de difficultés liées à la nature même du métier » :

« un rapport plus fréquent à la mort », « des rythmes de travail décalés », des « conditions matérielles difficiles », « une affectation géographique en grande partie subie », une « charge opérationnelle accrue » (« induite par la concomitance de nouvelles menaces – une menace terroriste forte, une pression migratoire sans précédent, une contestation sociale importante »), le « développement d'une violence accrue à leur égard ». Enfin, les élus ajoutaient à ce tableau déjà peu réjouissant « une instabilité permanente de leur cadre et de leur doctrine d'intervention ».

Le management au sein de la police nationale est aussi épinglé : « jugé trop éloigné du terrain et peu à l'écoute des réalités et des difficultés des agents [le management] contribue à la perte de sens du travail et à la démotivation des agents ». Les relations avec la population et les médias sont qualifiées de « sources de difficultés importantes », le lien avec la justice est pudiquement décrit comme en état « d'érosion palpable ».

Le titre du rapport constatant « le malaise » des forces de l'ordre ressemble soudain à un doux euphémisme cherchant à qualifier des maux beaucoup plus profonds.

Chez les fous, je me souviens d'un ADS qui, en toute illégalité, cumulait un second boulot dans la sécurité au Parc des Princes pour boucler ses fins de mois. Me revient aussi l'autodérision de Jérémy, mon collègue de l'I3P : « Les policiers sont des délinquants qui ont mal tourné. »

En 2019, année de mon immersion dans le commissariat, le film de Ladj Ly intitulé *Les Misérables* a rencontré un écho considérable : deux millions de spectateurs en salle. Le décor : Clichy-Montfermeil, une cité chaude d'Île-de-France. Une équipe de la BAC y commet une bavure ; la scène est filmée par un drone ; les policiers passent l'essentiel du film à tout faire pour récupérer cette vidéo afin d'étouffer l'affaire, avec succès. Dans ce film ultra réaliste et primé au festival de Cannes pour son scénario, la condition sociale des habitants de la cité est mise en parallèle avec la condition des trois flics qui tiennent les rôles principaux.

Le magazine *Elle* a interrogé le réalisateur sur ce point : « Dans *Les Misérables*, on s'aperçoit que les policiers ne sont parfois pas mieux lotis que les autres… » Ladj Ly répond sans détour : « Quand tu découvres leur vie [aux policiers], tu t'aperçois que c'est la misère. Ils habitent dans des HLM, ils ont des salaires minables, ils sont tous dépressifs. À la limite, dans le quartier, on a une meilleure vie qu'eux! »

« La misère. » Un mot déjà lâché par Bullit après le suicide du flic de notre commissariat.

Imaginez un boulot où tout est décrépit autour de vous : vos voitures de fonction, vos locaux, ou encore vos équipements. Histoire d'ajouter un peu de sel, vous portez un uniforme qui déclenche d'emblée l'hostilité d'une partie des gens que vous croisez. Vous êtes formé à la va-vite, plongé dans des situations chaotiques, avec, en plus, l'impératif insidieux de suivre « une politique du chiffre » souvent absurde.

Vous marchez alors sur une couche de glace déjà bien fine, et voilà que la hiérarchie dépose quelques poids supplémentaires sur votre dos : vous devez faire bonne figure, être exemplaire. Le fameux acronyme Diiler enseigné à l'école de police : « Dignité, intégrité, impartialité, loyauté, exemplarité et respect absolu des personnes ».

Est-il raisonnable de former des représentants de la loi à la va-vite, de les placer dans des conditions de travail dégradées et d'exiger qu'ils soient des modèles de vertu ? Non, évidemment. Ce n'est ni raisonnable ni sensé.

Lors de mon immersion, un constat s'est imposé à moi. En théorie, les flics sont censés lutter contre la violence, le racisme et le sexisme dans la société. En pratique, ils en sont souvent un avant-poste. On peut débattre des causes, mais les faits sont là. C'est comme ça, dans un commissariat, on est dans une ambiance de vestiaire de foot. Une ambiance virile où les personnes violentes sont tolérées, et rarement recadrées. Parce qu'il faut faire avec les effectifs disponibles. Avec les moyens alloués.

Alors, lorsque des flics dérapent, tout le monde se serre les coudes, et la hiérarchie enterre souvent ce qu'elle préfère considérer comme des « errements ». Dans la majorité des cas, cette hiérarchie n'a pas le choix, à force de demander l'impossible à ses hommes et ses femmes de terrain, elle ne peut ensuite que les couvrir.

CHAPITRE 45

Je suis encore en patrouille avec le major. Dans son équipage, deux options s'offrent à moi : conduire, ou rester assis à l'arrière de la bagnole, comme ce matin. Se lever à 4 h 25 pour aller faire des sauvettes est gonflant. Il est 7 h 10. Dans la Mégane, Karine, la conductrice, roule à faible allure dans sa bagnole sans rétro intérieur. Le pare-brise est fendu suite à un dos-d'âne pris trop vite. Nous attendons les réparations depuis trois semaines.

– TVTJ de TN19.

– Transmettez, répond le major.

– À 7 h 30, vous avez une opération de sécurisation de la passerelle du Millénaire.

– Oui, c'est pris.

Les missions absurdes de la police. Les ordres viennent de la hiérarchie, impossible de les éviter.

Inutile de les contester ou de les interroger : réfléchir revient à désobéir. En tant qu'ADS, j'enchaîne ce type d'opérations. Une semaine plus tôt, un samedi matin, avec Toto, nous patrouillions autour de la gare Rosa-Parks. Pas un chat ne traînait dans les rues. Nous ne servions à rien. Plus tôt, nous étions sur le marché de Belleville. Sous un temps de chien, aucun camelot n'était venu vendre sa marchandise. Nous sommes restés dans la bagnole, comme des idiots sans but. Une autre fois, un collègue racontait avoir regardé des éboueurs ramasser des déchets pendant plusieurs heures. Difficile de trouver du sens à son métier 24 heures sur 24.

Aujourd'hui, nous allons donc rester au pied d'une passerelle. Un pont avec des marches en bois emprunté par quelques passants. L'idée consiste à surveiller l'endroit. Ici, des bagarres et des vols à la tire sont souvent recensés. Mais à 7 h 30, il n'y a que des gens qui partent travailler.

– Major, je vais jusqu'au rond-point de la Villette pour perdre du temps ? demande carrément Karine.

– Vas-y.

Nous roulons. Autour du rond-point d'abord, puis dans d'autres artères, à vingt, vingt-cinq kilomètres heures, rue Émile-Bollaert, rue d'Aubervilliers, boulevard McDonald. Nous savons tous qu'on roule pour rien. Il est 7 h 25 quand Karine entreprend une marche arrière. Devant nous, la fameuse passerelle. Autour, un petit parc silencieux et une rue déserte. Nous restons dans la voiture.

Dans la buée de l'habitacle, nous observons le va-et-vient des premiers passants, histoire de maintenir une présence policière. Ça s'appelle faire du présentiel. Rassurer les habitants.

– C'est calme, ce matin, estime le major.

– Oui, c'est calme depuis le début de la semaine, renchérit Karine.

– Avec le ramadan aussi…

Après cinq minutes de surveillance, nous ne sécurisons plus rien. Jo, le flic assis à ma droite, regarde des vidéos sur son portable. Moi, j'échange quelques textos avec mon pote La Merguez. 7 h 40. Dans le poste, Mylène Farmer chante. « Tu t'entêtes à te foutre de tout, mais pourvu qu'elles soient douces. D'un poète tu n'as que la lune en tête, de mes rondeurs, tu es K.O. »

Nous attendons encore. George Michael prend le relais avec « Wake me up », et sur les ondes, on apprend que l'embrayage du fourgon vient de lâcher. Il sortait tout juste du garage, il va y retourner. La PS Alpha se retrouve sur le carreau, dans la montée de la rue de Belleville, avec un fourgon qui refuse d'avancer. C'est toute une organisation pour récupérer les collègues en carafe, les ramener au Central, les dispatcher dans d'autres équipages. Nous ne bougeons pas, trop occupés à une mission de sécurisation de la plus haute importance.

Il est 7 h 54.

– Bon, on repart ? demande Karine au major.

– Non, attends l'heure.

Plus que six minutes.

Karine a les yeux dans le vide. Ça me met de mauvaise humeur de rester ici.

8 heures.

– TN19 du major, embraye le major.

– Transmettez.

– Opération de sécurisation terminée à la passerelle du Millénaire. Quittons les lieux.

– C'est bien pris, merci !

Karine démarre la Mégane. Nous repartons. Vers de nouvelles sauvettes et une histoire de SDF à virer d'un hall d'immeuble.

CHAPITRE 46

« Enculé de blédard. Ici, t'es pas chez toi alors tu vas respecter les femmes ! »

Dans le couloir des gardés à vue, Bullit hurle sur un homme qui vient de se faire coffrer. Il est soupçonné d'avoir violé une femme la nuit dernière. L'affaire est trop importante pour nous, elle va être confiée à la police judiciaire.

– Si t'es pas calme, tu vas prendre ma main dans ta p'tite gueule de blédard de merde, c'est bien compris ?

Bullit éructe. Il le regarde droit dans les yeux, le front presque collé à celui de l'homme qui, menotté sur son banc, n'en mène pas large. J'observe la scène avec une nonchalance qui me surprend, comme si je m'étais habitué aux coups de sang de mon collègue.

– C'est vrai que lui, il les respecte vachement les femmes, marmonne Stan, en passant près de moi.

– La PS Alpha, vous êtes où ? braille Bullit, mon chef de bord du jour. Oh ! Allez, putain ! On y va ! Et ma meuf, elle est où ma meuf ?

« Sa meuf » est en réalité une flic de la brigade. Bullit la colle, enchaîne des propositions « pour rire », et, donc, l'appelle « ma meuf » à longueur de temps. Il commente aussi son apparence « Regardez comment elle est bonne ! » En face, « sa meuf » se contente de sourire, l'air parfois agacé. Bullit s'arrange souvent pour patrouiller avec elle. C'est le cas aujourd'hui.

– Ah bah t'es là ! T'es fraîche, lâche Bullit, rigolard dans sa barbe. Hein qu'elle est fraîche, ma meuf !

CHAPITRE 47

Il est 14 h 40, la journée de patrouille débute. Au volant, Toto démarre le fourgon. À ses côtés, Bullit allume le poste. Un *flow* de rap US s'échappe des enceintes, couvert par les bruits de moteur du tas de ferraille qui nous sert de fourgon.

Un homme frêle à la peau noire perdu dans une grande chemise et un pantalon trop large vient mendier à notre fenêtre alors que nous sommes bloqués à un feu rouge.

– Dégage ! lui gueule Bullit. Allez, casse-toi !

L'homme ne bouge pas, Bullit descend du fourgon. Je le suis. Bullit chope le migrant par le col et le traîne de l'autre côté de la glissière de sécurité.

– T'as compris ? Je veux pas te voir sur la route !

L'homme reste allongé.

Nous reprenons notre errance sans but, jusqu'à un premier appel radio.

– PS Alpha de TN19.

– Transmettez, répond Bullit.

– Un homme importunerait des femmes avec un bâton devant le Beluschi's, une auberge de jeunesse au bord du canal. Le requérant [celui qui a appelé la police] indique qu'il s'agirait d'un migrant de type Indien. Il est vêtu d'un sac à dos bleu, de chaussures marron et d'une veste blanche.

– OK, c'est pris TN.

Nous arrivons devant le bar, près de la rue de Crimée. Le requérant nous attend devant l'entrée du bar.

– Alors ? demande Bullit.

– C'est lui, là-bas.

Nous rejoignons l'homme qui correspond au signalement. Petit, les cheveux bruns, il tient une longue tringle en bois. Impossible de savoir où il a pu se dégoter un machin pareil. Nous l'entourons et nous le contrôlons. Il ne semble pas impressionné par notre escouade.

– T'as des papiers ? lui demande Bullit.

L'homme sort un téléphone et une feuille pliée en quatre d'une poche de sa veste.

– Pourquoi t'agresses les femmes ? Tu leur fais quoi ?

– Je touche épaule. C'est normal.
– Normal ? Attends, t'es pas chez toi, ici. Ici, ça s'fait pas ! Et arrête de bouger ! Arrête ou j't'en colle une ! menace Bullit.
– Vas-y. Tape-moi.
– Viens, on va l'emmener à porte de la Villette, décide Bullit, en parlant fort. On va t'emmener à porte de la Villette et si j'te revois ici, je t'envoie dans le canal. T'as compris ? Si tu reviens, j'te balance dans le canal de l'Ourcq !

L'autre ne dit plus rien et se laisse faire. Nous l'embarquons. À Aubervilliers, nous le relâchons dans la nature. Dit autrement, nous déplaçons le problème, l'homme peut aller harceler ailleurs, en dehors de notre arrondissement. Hors de notre vue.

Nous repartons.
– Allez le Uber Shit, avance ! Putain ! braille encore Bullit sur un livreur à scooter Deliveroo.
– Tiens Bullit, lâche Tacos, on va aller contrôler la Smart noire qui vient de doubler. Y avait deux beaux bâtards à l'intérieur.

Les « deux beaux bâtards » sont des hommes noirs. Nous prenons la voiture en chasse. Bullit fait signe aux deux occupants du véhicule de s'arrêter. Il sort du fourgon, un LBD à la main, pose son doigt sur la gâchette, prêt à tirer. Tout ça pour un contrôle routier.

Les « lanceurs de balles de défense » ont été conçus à l'origine pour pallier des situations extrêmes – menaces par arme blanche, rixe sur la voie publique, etc. – et réservés à des unités d'intervention. L'usage de ce type d'armes a peu à peu été étendu à des unités intervenant dans les quartiers difficiles, puis à toutes les unités confrontées à des phénomènes de violences[35]. Tous les flics avec une habilitation peuvent l'utiliser. Bullit en possède une.

– Monsieur, pouvez-vous me présenter les documents afférents à la conduite du véhicule ? dit Tacos.

Il contrôle les papiers, je surveille le passager du véhicule. Plus loin, Bullit, son LBD en main, fait la circulation.

– Allez passe putain ! il hurle à un automobiliste.

Les deux occupants de la Smart sont en règle, ils repartent. Nous remontons dans le camion.

Je n'ai pas ouvert la bouche pendant ce contrôle routier. J'ai la sensation d'accompagner une bande qui aurait les pleins pouvoirs.

---

35. Jean-Marc Berlière et Maurice Lévy, *Histoire des polices en France, de l'Ancien Régime à nos jours*, Nouveau Monde Éditions, 2013, pages 288-289.

CHAPITRE 48

« Monsieur, vous allez venir avec nous. »

Je bosse avec Max pour la première fois, et j'ai très rarement entendu un flic vouvoyer un citoyen. Au fil des semaines, je me suis moi-même mis à tutoyer tout le monde, hormis les personnes âgées.

Mon collègue respecte le code de déontologie qui impose le vouvoiement. Ce texte promulgué en 1986, modifié en 2013, dicte les règles à observer pour les policiers et les gendarmes. De la pure théorie. Dans les faits, beaucoup de règles sont ignorées. Les familiarités excessives, l'incorrection, le tutoiement, le comportement et les propos agressifs, les insultes, l'appropriation irrégulière de biens comme les fruits et les légumes des sauvettes.

Ce contrôle se déroule dans le calme. Le conducteur du Vespa n'a ni les papiers de son véhicule, ni ses documents d'identité à nous présenter. Le passager fumait un joint quand nous les avons pris en chasse. Après consultation du Fichier des personnes recherchées – le FPR –, le major s'aperçoit que le conducteur ne s'est pas rendu à une convocation au tribunal. Une affaire de vol aggravé où il a pris douze mois ferme. Nous embarquons le conducteur et abandonnons le passager sur place.

Arrivé au commissariat, je patiente avec le jeune homme, le temps que le major rédige le procès verbal. L'interpellé se nomme Ibrahima, il a 22 ans. Sans que je lui pose trop de questions, il me raconte sa vie.

– Franchement, quand j'étais ado, j'volais les gens. Pour moi c'était normal de… tu vois, même si c'est pas bien. On volait de l'argent, on volait un téléphone, d'autres, ils arrachaient des chaînes en or. À Saint-Denis, tu vois, c'est un peu chaud là-bas, ils volaient vraiment plus que moi. Quand j'suis arrivé à Saint-Denis, j'volais pas. J'ai vu faire. Petit à petit c'est venu. Ça m'a écarté de beaucoup de choses. J'voyais plus mes parents. À chaque fois que j'allais à Saint-Denis, contrôle. La police, elle m'emmenait direct au commissariat. Maintenant, j'ai la possibilité d'habiter à Paris, c'est pas comme la banlieue. C'est bien, tu peux faire des bonnes connaissances, tout ça. Franchement, j'vais pas vous mentir, depuis que j'habite à Paris, j'dis pas que je n'fais plus de conneries, mais j'en fais moins.

Après plusieurs condamnations, Ibrahima a l'interdiction de se rendre dans le 93. Le major s'approche, je fais signe à Ibrahima de se lever. Le major, heureux comme un pape de sortir une belle affaire, prend le jeune homme par le bras et l'emmène vers l'OPJ.

Je sors fumer une clope. Sans le savoir, je viens de passer mon dernier jour avec le major.

CHAPITRE 49

J'ai envie de démissionner. Sur mes six mois d'immersion prévus, j'en suis aux trois quarts. Comme dans un marathon, les derniers kilomètres sont les plus rudes.

Dans son bureau, le chef Steph' est assis derrière son écran d'ordinateur, des marques de bronzage sur le visage.

– T'as passé de bonnes vacances ? je lui demande.

Il esquisse un sourire. Mon chef donne la priorité à sa vie de famille. Le confort de son poste de brigadier-chef, plutôt qu'une prise de risque sur le terrain. « Moi, en vingt ans de police, j'ai jamais couru après personne », m'a-t-il confié un jour.

Steph' fait ses heures sans faire de vagues, acquiesce aux ordres de la hiérarchie et rentre chez lui.

– Dans deux, trois ans, je vais me trouver un boulot dans un bureau. Un truc peinard à cocher des croix dans un tableur et ce sera parfait.

Steph' est sans doute le seul à faire l'unanimité dans la brigade. Sans doute parce qu'il n'embête personne. Ou alors parce qu'il est réglo et sympa.

Le major est en congé, alors Steph' reprend le flambeau. Il va passer tout son temps à la gestion de la brigade, tranquille dans son bureau.

– On a fait soixante-seize mad le mois dernier, dont trente-cinq sauvettes, dit-il avec légèreté.

Trente-cinq sauvettes sur les soixante-seize interpel', ça fait des statistiques gonflées artificiellement à coups d'opérations minables. En gros, les attentes sont remplies, mais avec des mad que le commandant jugera peu ambitieuses. Steph' reprend :

– Avec un truc comme ça, tu vas voir que je vais me faire convoquer dans le bureau du commandant.

Steph' se moque des chiffres. Tant qu'on lui fout la paix, tout lui passe au-dessus.

– Tu voulais me voir pour… ? il me relance.

– Est-ce que je peux poser des jours ? J'voudrais en poser deux, sur le prochain cycle, si c'est possible.

Pile à ce moment-là, la patronne du commissariat débarque dans le bureau.

– Bonjour, je la salue.

Je suis souvent décontenancé quand je la croise. Je ne prononce rien de plus que ce bonjour universel, là où un « Mes respects, Madame la commissaire » est attendu. Derrière elle, j'ai d'autres gradés à saluer. Un capitaine, un commandant. Au milieu de ces officiers, je ne sais jamais qui est qui. Le galon du capitaine compte trois barres blanches, celui du commandant en a quatre. Quand je serre les mains, je dois compter les barres. Je suis largué. Alors, là encore, je me contente d'un « Bonjour ». Tant pis pour les regards en coin.

Les officiers du commissariat quittent le bureau. Je me retrouve à nouveau seul avec Steph'.

– Jeune homme ! Il te faudrait quels jours ?

En lui répondant, je réfléchis à l'alibi que je donnerai pour annoncer ma démission. Les options défilent. J'ai rencontré une fille à l'autre bout de la France et je suis raide dingue d'elle. Quelqu'un dans ma famille est malade. Non, ça, impossible, je connais trop cette situation pour inventer un truc pareil. Une opération chirurgicale ? Ce serait peut-être l'excuse parfaite.

Je sens que cette histoire de démission va me prendre la tête.

CHAPITRE 50

Je jette un coup d'œil à mon calendrier, il me reste vingt-huit jours à tenir. Sept cycles de quatre jours. Je reçois un message d'une fille avec qui j'échange depuis trois jours. Nous nous sommes rencontrés sur une appli de rencontre. Quand elle m'a demandé ce que je faisais dans la vie, je lui ai menti à moitié, ou plutôt aux trois quarts. « Je suis journaliste pigiste. » On ne sait jamais, je pourrais tomber sur une fille de capitaine ou une sœur de flic. Ça ne serait pas bon pour mes affaires.

Je mets les formes, essaie de paraître drôle et sympa. Chaque semaine passée en immersion m'isole un peu plus. Hormis les bières avec La Merguez, quelques échanges avec mes potes loin de Paris et deux ou trois matchs de foot suivis dans un bar, je suis déconnecté de toute vie sociale. Depuis le début de mon contrat dans le 19e, je mène une vie monacale : boulot, prise de notes, dodo. Sur mes jours de repos, je lis et enchaîne les clopes, m'octroie parfois une sortie pour choisir de nouveaux livres, ou pour faire un footing. Le rythme de travail m'aspire, comme si je ne quittais jamais vraiment mon boulot.

Ma vie nocturne habituelle me semble dater d'une autre époque. Avant – même pendant mes immersions précédentes – je sortais beaucoup, parfois tous les soirs. Je picolais, bavardais, me couchais à l'aube. Dans ces moments d'ivresse et de liberté, j'ai enfin la sensation de ne plus jouer à être un autre.

Un café et une clope plus tard, je décide de retranscrire mes dernières notes, sans conviction. L'écran de mon téléphone s'allume à nouveau, la meuf vient de me répondre. Nous nous donnons rendez-vous pour un verre le soir même, à 21 heures, à Montreuil.

CHAPITRE 51

J'allonge le pas, mon casque sur les oreilles. Julie m'attend devant le bar depuis dix minutes. Elle a 29 ans, je ne sais pas grand-chose de plus hormis qu'elle bosse dans le milieu du cinéma.

Julie est grande, les cheveux châtains et ondulés. Passé les premières présentations et les questions d'usage, je sens que je vais finir par lui dire ce que je fais *pour de vrai*. On accroche bien. Un serveur arrive à notre table, nous lui commandons deux pintes.

Une fois nos bières bien entamées, je lui parle de mon infiltration. Elle est d'abord surprise puis trouve mon idée incroyable. Je me sens en confiance. Elle veut en savoir plus, pose plein de questions. Je lui raconte tout.

Nous allons chez elle. Je préfère me glisser sous ses draps plutôt que de recevoir chez moi.

Vivre à 30 ans passés dans un quinze mètres carrés, c'est pas glorieux. Même pour un journaliste infiltré chez les flics.

CHAPITRE 52

« Au fait, j'ai pas mal réfléchi et… j'suis pas sûr de rester ici. Je vais peut-être démissionner, parce que… »

La phrase est lâchée. J'ai osé parler à un collègue de mon projet de démission. Ce foutu syndrome du bon élève me fait redouter l'annonce de mon départ. Peur de décevoir, de sortir du rang et de me faire remarquer. Là, c'est sorti tout seul, quand je gardais la porte avec Charly, le meilleur pote de Stan. Mon collègue ne me laisse pas le temps de terminer ma phrase.

– Attends de voir, gros. Passe le concours et après tu verras.

J'essaie de lui donner des arguments simples. Je lui parle de ces journées à garder la porte, de mes 1 340 euros de salaire. Je lui dis que je m'en sors pas. Charly se fout de ma gueule. Il change de sujet, me parle de mon « corps de lâche ». J'ai un peu de bedaine et mes bras taillés dans deux tibias de cigogne flottent dans mon polo. Les siens sont trois fois plus gros.

– Toi, avec tes lunettes, je suis sûr que c'est comme dans *Patron incognito*. En vrai, t'es un commissaire et tu viens voir comment ça se passe. Et dans trois, quatre mois, tu décideras si j'ai ma mut'. Ou si je suis viré.

S'il savait.

Je me souviens d'une de ses phrases : « Je fais ce que je veux avec l'uniforme. » Il a été convoqué six fois par l'IGPN pour des histoires de violences policières, des types à qui il a « cassé la bouche ». En langage policier, on appelle ça des « violences aggravées par personne dépositaire de l'autorité publique ». Charly précise que tout ça appartient au passé, qu'il s'est calmé.

En même temps que se profile la fin de mon immersion et la perspective d'avoir les épaules plus légères, je redoute la réaction de mes collègues quand ils apprendront qui je suis réellement.

CHAPITRE 53

Un type vient de se faire choper par les vigiles d'un magasin de bricolage. Dans ses poches, les agents de sécurité découvrent des piles et de la glu. Le montant du vol s'élève à soixante-huit euros et des centimes. Le gérant du magasin a décidé de porter plainte, alors il nous a appelés. Notre mission consiste à embarquer le voleur avant de l'envoyer en garde à vue. Une intervention basique.

À notre arrivée, Mano discute avec le patron de l'enseigne et les vigiles. Je prends l'identité du voleur, un Marocain arrivé en France sans titre de séjour. Dans ses poches, je retrouve une pipe à crack et un pass Navigo.

– À ton avis, pourquoi il vole de la colle ? me demande Charly.

– Pour se shooter ?

Le regard vide, le Marocain ne dit rien. Sa casquette bleu ciel, son jogging sombre et son tee-shirt gris sont maculés de crasse. Ses cheveux bruns et bouclés montrent qu'il ne s'est pas lavé depuis un certain temps.

Nous l'embarquons. Dans la voiture, il s'installe à l'arrière, pas menotté. Mano s'assoit à côté de lui, il me fait signe de prendre la place du copilote.

– T'as rien vu, rien entendu, me dit Charly.

Je comprends comment cette histoire va se régler. Je suis avec le mec qui se vante de « casser les bouches » des gardés à vue et avec l'auteur du tabassage de la rue Compans.

– C'est bon ? Personne ne nous voit ? demande Mano.

– Non, non, ça roule.

Mon collègue réalise une première clé sur le bras droit du migrant, lui envoie une première gifle, puis une autre. Il lui tire les cheveux, lui assène un grand coup dans le ventre. Le migrant, le souffle coupé, semble terrifié. Dans un réflexe, il tente d'attraper la manche du polo de Mano.

– Lâche-moi ! Lâche-moi ou je te pète le bras ! rage mon collègue.

J'ai honte. Pourtant, je reste impassible. C'est l'intervention de trop. J'aurais dû me barrer avant, il faut que j'arrête. Il est temps que cette immersion se termine, que je raconte toutes ces dérives, que le livre sorte, temps de passer à la suite. Je n'en peux plus d'observer cette violence et, pire, d'y participer.

– On passe sous le tunnel, là, tu peux y aller plus fort si tu veux, suggère Charly, amusé. Tiens, je vais même ralentir un peu, on n'est pas pressé !

– T'as compris ! Faut pas voler ! tonne Mano en bloquant le coude du migrant. L'autre grimace. Il reçoit deux droites en plein visage.

– Pour un truc comme ça, le proc' va le relâcher, dit Charly. Il n'aura rien, c'est sûr.

Leur raisonnement est le suivant : puisqu'il n'y a aucune chance que ce type finisse en prison, autant rendre justice soi-même. Une condamnation sans procès, sans paperasse, sans chichis, une justice expéditive faite de coups dans la gueule. Et puis ça soulage de cogner quelqu'un. Surtout un migrant, un individu faible qui n'ira pas porter plainte pour violences puisqu'il est clandestin.

– On le lâche où ? À Pantin ? demande le chauffeur à Mano.

– Ouais, vas-y.

Charly s'arrête une première fois dans un petit coin désert, serre le frein à main, descend sur la chaussée et ouvre la portière arrière.

– Maintenant, tu dégages !

L'homme sort de la voiture. Il peine à marcher.

– Ma casquette ! dit-il. J'ai pas ma casquette !

Sa phrase me tord le ventre. Je la récupère à l'intérieur de la voiture et la lui lance.

Charly redémarre.

– Il saignait non ? dit-il. Peut-être que tu lui as pété le nez, gros.

– Ah ouais ? J'en sais rien, se défend Mano. Je l'ai pas frappé si fort que ça en plus.

CHAPITRE 54

J'entre dans le bureau de mon chef. Vendredi 16 août, il est 8 h 15. J'inspire un grand coup. Hier soir, dans ma salle de bains, j'ai tout répété à voix haute. Steph' me sourit.

– Ah, salut. Je voulais savoir, en jour de repos, tu veux Noël ou le Jour de l'an ?

– Justement, Chef, je viens te voir pour ça.

Ma voix faiblit, les mots restent coincés dans ma gorge. J'ai envie de m'échapper. Steph' pose sur moi son regard bienveillant.

– Oui ?

– Je viens te voir… parce que… je voudrais arrêter.

– Arrêter ? C'est-à-dire ?

– Quitter la police.

– D'accord.

– Après je sais pas comment ça se passe, je voulais t'en parler avant.
– Non, non, mais pas de souci. Il faut que je voie comment on fait. Y a dû y en avoir un ou deux comme ça depuis que j'suis dans la boîte, mais je sais pas comment ça se passe.

Le téléphone sonne. Steph' doit répondre, je quitte son bureau. Penaud. C'est tout. C'est fait.

Je descends au garage, sors une cigarette de ma poche et fume lentement.

Quelques minutes plus tard, je croise Steph' dans les couloirs du Central.
– Au fait, j'ai pas pensé à te demander. Pourquoi tu veux démissionner ?

Cette fois, ma voix a retrouvé des couleurs. J'ai passé le cap. Je lui sors le baratin simple répété la veille.
– Oh, c'est à cause du salaire et des servitudes. J'en ai marre de me lever à quatre heures du matin pour garder une porte.

Steph' opine de la tête. Il semble comprendre.
– La responsabilité, elle vient de là-haut, argue-t-il.

Je continue d'égrainer mon chapelet d'arguments. Mon âge, mes quinze mois chez les fous. C'est trop, vraiment trop de sacrifices.

Le lendemain, samedi 17 août 2019, 6 h 10 du matin, je tape un texte à l'ordinateur. Je démissionne, c'est officiel.

Steph' a sorti son crayon et sa calculatrice. Il m'explique que j'ai droit à dix-sept jours de congé. Malgré le mois de préavis, je vais bientôt pouvoir partir, vu tous les jours de congé accumulés. Il me reste cinq jours à tirer.

CHAPITRE 55

7h45 du mat', à l'hôpital. Assis sur une chaise, Diego-Mano s'amuse avec son tonfa. Derrière la porte, un homme se fait soigner. Dans la nuit, il a reçu deux coups de couteau dans le bras gauche. Ses voisins faisaient du bruit, il est descendu, avant d'être roué de coups et gazé. Voilà pour sa version de l'histoire. Les deux plaies sont bien visibles. Il est placé en garde à vue, nous devons nous assurer qu'il ne s'échappe pas.

Il me reste deux jours à tirer. Mano me montre une vidéo de manif à Hongkong. Sur les images, des flics distribuent des coups de matraque, des coups de poing et traînent des manifestants au sol.

– Voilà ! Ça, c'est de la vraie police ! se réjouit mon collègue, devant un homme en sang, roulé en boule pour éviter de nouvelles raclées.

Pendant qu'on poireaute, j'annonce à Mano que je viens de démissionner. Il paraît surpris.
– Et tu vas faire quoi après ? Peut-être que tu vas revenir. Moi, le privé, je pourrais pas y retourner. Y a des gens comme ça qui étaient dans la boîte, qui ont démissionné et qui sont revenus.
– Peut-être que dans quelques mois, je me rendrai compte que c'était une connerie de me barrer. On verra bien !

Mano m'explique qu'avant, il bossait à Roissy. Il bossait sur les pistes, gardait dans un coin de la tête l'idée de devenir flic. Alors il est devenu ADS, affecté à la CRS autoroutière, avant d'obtenir son concours de gardien.
– Ça va faire sept ans que je suis dans la boîte, me confie-t-il. J'aurais dû rester à l'aéroport.
– Pourquoi tu dis ça ? Tu kiffes pas la police ?
– Franchement… C'est la police quoi… Enfin, ça va, j'suis quand même bien là.

Mano m'apprend que Stan, le baron des chasseurs, quittera la brigade en septembre. Il sera affecté au GSQ dans un autre arrondissement. Mano, lui, a postulé dans une brigade de terrain de la capitale.

Mano se lance dans une salve d'insultes envers des collègues. Untel est une tanche, un autre « une pute », une troisième « une assistante sociale » et puis les filles de la brigade, toutes mauvaises en intervention, « à part une ».

Mano embraye sur un épisode de la veille : il a porté plainte contre un gardé à vue.

– Il m'a traité de sale Péruvien de merde. Alors, j'ai déposé. J'ai tout raconté au plaintier. Et lui, il rajoutait des trucs ! Il a mis que j'avais été meurtri par les propos du mec. Franchement, bien.

CHAPITRE 56

Dernier jour. Un gardé à vue vient de pisser sur son matelas. Ce type a été agressé à Stalingrad – son visage barré de cicatrices et de contusions en porte les traces. À l'arrivée des flics, il a voulu se battre contre eux. Alors les collègues l'ont gazé. De la lacrymo sur les plaies, le type a morflé.

Depuis son arrivée au commissariat, il est resté affalé sur son matelas, roulé en boule. Jusqu'au moment où il a pissé.

Marvin tient un rouleau d'essuie-tout entre ses grosses mains gantées.

– Tiens, tu nettoies tout, ordonne-t-il, sans lever la voix. Tu nettoies bien.

L'autre s'exécute sans broncher. Lorsqu'il termine, mon collègue lui commande d'aller aux toilettes pour se laver les mains.

– Non, non, j'y vais pas, vous allez encore me frapper !

– Vas-y j'te dis, reprend mon collègue, plus sèchement.

– Fixe ! gueule un flic.

La patronne vient de débarquer dans le poste. Je me lève et me plante au garde-à-vous. Elle salue chaque flic, d'un regard peu commode.

– Mes respects, Madame, je la salue.

Cette fois, j'ai sorti la bonne formule.

La commissaire divisionnaire fringuée en civil revient d'un pot de départ. Pour ma part, je préfère ne pas fêter la fin de mon contrat. J'ai hésité. Mais j'ai peur que ça paraisse cynique, *a posteriori*. Je ne me sens pas à l'aise. Tous mes collègues ne sont pas au courant que je quitte les lieux ce soir.

Les cellules sont pleines. Dix-huit types répartis dans trois geôles, deux en dégrisement. Trois mineurs au troisième étage, tous là pour du stup. L'un d'eux avait huit grammes de résine sur lui, « les deux autres sont complices », m'ont annoncé les collègues.

Je me rassois, un sablier implanté dans le cerveau. Encore cinq heures et vingt-deux minutes à tenir.

– J'crois que je suis pas fait pour être policier, me souffle Marvin. J'ai pas de compassion. J'en ai plus. J'en avais déjà pas beaucoup avant, alors maintenant…

De mon côté, je me rends compte qu'en l'espace de six mois, mon niveau d'humanité et d'empathie a chuté. Comme si ce boulot m'avait vacciné contre la sensibilité. Au début de l'immersion, l'arrivée d'une femme victime de violences conjugales au commissariat me mettait immédiatement en état de stress. Six mois plus tard, j'ai vu la scène se répéter si souvent que je ne réagis plus avec la même urgence.

En début d'après-midi, je fais souffler un Guinéen de 17 ans dans un éthylotest. Il est arrivé le matin, bourré. Il conduisait une voiture. Il s'est aussi rebellé lors du contrôle. Quand il sera sous le seuil de 0,20 gramme, il quittera la cellule de dégrisement pour rejoindre les autres gardés à vue. Plus la journée avance, plus il semble se sentir mal. À 21 heures, je l'accompagne au troisième étage pour le présenter à l'OPJ.

– J'ai le palu…, dit-il. J'arrive pas à marcher…

Le Guinéen s'affale sur le banc.

– Arrête de simuler ! s'énerve un enquêteur. Arrête ! T'es une merde, tu sers à rien !

Le Guinéen ne répond pas, il s'est endormi.

– Je pense pas qu'il simule, dis-je d'une voix faible.

– Si, si, t'en fais pas. C'est quoi ton nom ? demande l'OPJ.

Le jeune homme, les yeux toujours clos, ne répond pas, alors je prends la parole à sa place.

– Il s'appelle Sylla. Il a 17 ans.

– Bon, pas d'avocat, pas d'avis à la famille. C'est bon, tu peux le mettre en cellule.

À 21 h 20, quarante minutes avant ma levée d'écrou, je traîne le Guinéen dans le couloir. Les semelles de ses chaussures glissent sur le sol, jusqu'à la cellule. Il rejoint un autre mineur, le gamin chopé avec huit grammes de shit dans les poches.

– Grand, s'il se passe un truc avec lui, tu me préviens. Fais des grands gestes, je te verrai.

Je reçois le texto d'une pote : « Courage pour les dernières minutes. »

Quelques instants plus tard, je vois sur les écrans des caméras de surveillance que le mineur à la résine exécute de grands mouvements avec les bras. Je rapplique en vitesse et ouvre la porte de la cellule. Sur le sol, un liquide verdâtre, le Guinéen a vomi.

– Ça pue, chef, grogne le gamin.

Le Guinéen est allongé au sol, sa tête dépasse de la couverture saumon. Je prends du papier toilette et nettoie la bile. Il est 21 h 43. Voilà à quoi ressemblent mes derniers instants de flic.

Après avoir installé le mineur dans une autre cellule, je retourne vers le bureau de l'OPJ.

– Il faut appeler les pompiers, le Guinéen vient de gerber.

J'ai envie d'ajouter : « Il ne simulait pas, bande d'idiots ! » Mais je m'abstiens. Je m'abstiens une dernière fois.

À 21 h 53, j'attends l'arrivée des pompiers, assis aux côtés de Marvin. À 21 h 56, la relève de la nuit débarque. Les pompiers sont en route.

– C'est bon, gros, me dit Marvin, tu peux y aller.

Pour la dernière fois, je quitte le pantalon bleu marine, le ceinturon et le polo floqué POLICE. Je fourre le tout dans mon sac, enfile ma tenue de civil, ferme la porte de mon casier et grimpe deux à deux les marches menant au rez-de-chaussée, à la porte de sortie.

Dans la rue, je marche sans me retourner, comme un fugitif. J'essaie de rembobiner les six mois, mon cerveau se remplit d'un feu d'artifice étouffant. Les baffes distribuées aux gardés à vue dès mon premier jour de travail ; le suicide d'un collègue du commissariat ; les propos et comportements racistes récurrents ; les plaintes pour violences conjugales balayées ; la banalité des insultes envers les citoyens ; l'omniprésence du tutoiement ; un gamin tabassé devant mes yeux ; un collègue couvert par les fausses dépositions – dont la mienne ; un migrant roué de coups dans le fourgon.

Deux ans de ma vie s'achèvent ici, il est temps de renfiler ma vraie peau, il est temps de raconter cette histoire.

REMERCIEMENTS

À mes éditeurs :
Clara Tellier-Savary, Geoffrey Le Guilcher
et Johann Zarca.

Au comité de fabrication et au comité
de lecture de la Goutte d'Or :
Alice Andersen, Franck Berteau,
Christophe Bigot, Clément Buée,
Aurélie Carpentier,
Pierre-Marie Croquet et Basile Lemaire
des Productions Goutte d'Or,
Michel Despratx, Marion Enguehard,
Lucie Geffroy, Laurent Ollivon,
Camille Polloni, Lætitia Zanettacci.

À mon opticien.

Aux éminences grises, aux soutiens de l'ombre :
Petit Bonhomme,
la maman de Petit Bonhomme,
Nikita Schwarz, Le Canariste, Giulia,
les parents de Giulia, Ahmed, Hélène,
RJ et Valedane, Édouard, mon chauffeur, Pete,
M. et Mme Hesse, Gébé, Toto et Doudou.

À Michel, à l'agent M.

ISBN 979-10-96906-20-8
DÉPÔT LÉGAL : SEPTEMBRE 2020

Achevé d'imprimer en septembre 2020 par

ISIPRINT
L'IMPRESSION DANS TOUTE SA DIMENSION

15 rue Francis de Pressensé
93210 La Plaine Saint-Denis

Numéro d'impression : 153942

Imprimé en France